Hans-Peter Hempel | Im Hier und Jetzt

Hans-Peter Hempel stellt – nachdem er die Grundzüge der Zen-Lehre in einem ersten Band (RBL 20032) bereits umrissen hat – die praktischen Anwendungen der Zen-Lehre im Zen-Yoga dar. Ohne esoterische Beimischungen verbindet er die theoretische Lehre mit der praktischen Lebenskunst aus Fernost. Der Leser ist eingeladen, sich von den Zwängen des Alltags zu befreien und sich auf eine Reise zu begeben, die ihn in einen Zustand der Harmonie und Erfüllung im Hier und Jetzt versetzt. Ein Buch für alle, die mehr über fremde Kulturen erfahren wollen und gleichzeitig die praktischen Aspekte dieser Lebenslehre für sich selbst gewinnen wollen.

Hans-Peter Hempel, geboren 1934, lehrt Politikwissenschaft und Yoga an der Technischen Universität Berlin. Zuletzt erschien von ihm *Heidegger und Zen*, 1995, und *Natur und Geschichte. Der Jahrhundertdialog zwischen Heidegger und Heisenberg*, 1990.

Hans-Peter Hempel

Im Hier und Jetzt

Unterweisungen im Zen-Yoga

R E C L A M
LEIPZIG

Besuchen Sie uns im Internet:
www.reclam.de

© Reclam Verlag Leipzig, 2002
Reclam Bibliothek Leipzig, Band 20031
1. Auflage, 2002
Reihen- und Umschlaggestaltung:
Gabriele Burde | Kurt Blank-Markard
Foto auf der 4. Umschlagseite: Autor privat
Gesetzt aus ITC Slimbach
Satz: Reclam Verlag Leipzig
Druck und Bindung: Reclam, Ditzingen
Printed in Germany
ISBN 3-379-20031-X

*Meinen Freunden
den Yogis*

Inhalt

Vorwort 9

Was Yoga verspricht 12
Ayurveda – Die Lehre vom Leben 22
Das innere Gleichgewicht 31
Aufwachen 38
Verantwortung 48
Erkenne dich selbst 57
Die eigene Mitte finden 67
Im Ozean der Wahrheit schwimmen 75
Der göttliche Atem 84
Die Grundmetrik von Sein und Welt 92
Âsanas-Mudras 101
Der Sprung im Yoga 110
Zazen – Stilles Sitzen 119
Der Stufengang der Selbsterkenntnis 128
Der Übungsweg des Zen-Yoga 136
Äußere Welt – Innere Welt 143
Der Beobachter in uns 150
Der Stufenweg des Tantra-Yoga 159
Der Weg aus der Gefahr 170
Der Weg des Zen-Yoga 179

Glossar 188

Vorwort

Wenn wir uns die Lage, in der wir uns befinden, vergegenwärtigen und dies durchaus von den unterschiedlichsten Standpunkten aus, dann begreifen wir sehr schnell, dass wir Menschen den wirklich aufrechten Gang zu gehen erst noch lernen müssen. Die Natur stellt uns zwar einigermaßen auf die Beine, wirklich zu gehen, wirklich zu sehen, zu hören und nicht zuletzt wirklich zu atmen müssen wir aber erst durch eigene Anstrengungen lernen – da helfen uns auch keine noch so glückverheißenden Lebensstrategien, wie sie inzwischen Mode geworden sind.

Wir müssen, wenn wir in der derzeitigen, gesamtgesellschaftlich gesehen nicht sehr hoffnungsvollen Lage eine Veränderung anstreben, meines Erachtens in zweierlei Hinsicht eine Nachfolge antreten: (a) im Hinblick auf unsere Außenwelt die Nachfolge Galileis und (b) im Hinblick auf unsere Innenwelt die Nachfolger Buddhas. Das heißt, wir werden die Eigenschaften des Galilei mit denen Buddhas verbinden müssen, wenn wir aus den Schwierigkeiten, die uns nicht zuletzt der vermessene wissenschaftlich-technische Fortschritt mit den Möglichkeiten der totalen Selbstauslöschung beschert hat, noch herauskommen wollen. Wir werden weiterhin ungeheuer viel Interesse an der äußeren, aber in gleicher Weise auch ungeheuer viel Interesse an unserer inneren Welt aufbringen müssen, wenn wir am Ende dieses Erkundungsweges überhaupt noch eine Differenz zwischen Innen- und Außenwelt anerkennen.

Im Abendland glaubt man, das Ziel von Zen, auf das sich in diesen Unterweisungen der Yoga bezieht, bestehe darin, sich aus und von der Welt zu lösen. Das ist jedoch nicht der Fall. Vielmehr geht es im Zen und damit auch im Yoga darum, sich in Auseinandersetzung mit der Welt erst einmal selbst in seinem Woher, Wohin und Wozu zu erkennen, um mehr als bisher Klarheit über sich selbst und damit über diese Welt, in der wir leben, gewinnen zu können. *Zen lehrt:* Die ausschließlich materielle Freiheit gibt uns noch lange nicht die wahre Freiheit; sie führt uns vielmehr in eine neue, ungeahnte Sklaverei. Wir haben inzwischen alle im Westen gelernt: Jenseits dieser materiellen Freiheit beginnen erst unsere eigentlichen Existenzprobleme.

Zen lehrt: Tief in uns selbst liegt jener Schlüssel verborgen, der geeignet ist, unsere Existenzprobleme zu lösen; ein Schlüssel jenseits all unseres angehäuften Wissens und der vielen Worte, die uns den Blick auf uns selbst und die Welt eher verstellen als erhellen.

Das zeigt sich schon im ganz anderen Charakter seiner Vermittlung. Zen wird vornehmlich durch mündliche Unterweisungen *(kusen)* gelehrt und nicht durch philosophische und wissenschaftliche Traktate. Zen-Unterweisungen sollen den Schüler unmittelbar ansprechen, ihn ganz praktisch auf seinem Übungsweg anregen und gleichzeitig vermeiden helfen, dass sich der Schüler seine eigenen, meist in die Irre führenden Unterweisungen zurechtlegt. Gerade die Stille, die auf die Übungen im Zen-Yoga erfolgt und die entspannte Ruhe im Hier und Jetzt, die er im Verlaufe der Übungen erfährt, verleiten ihn häufig dazu, sich selbst eine ›innere Rede‹ zu halten oder vage vor sich hin zu dösen; die Unterweisungen des Lehrers sollen das von vornherein unterbinden.

Entscheidend ist, dass der Lehrer die Unterweisungen *während* der Übungspraxis an seine Schüler weitergibt, mithin nicht vorher und auch nicht nachher, um so jede Form von intellektueller Vermittlung zu vermeiden. Unterweisungen zeichnen sich daher eher durch ihren improvisierenden Charakter aus und entstehen aus der spezifischen Stimmung einer jeweiligen Übungsstunde, so dass gewissermaßen eine Kreisbewegung entsteht: Worte, die gesprochen werden, berühren den Schüler unmittelbar, sofern der Schüler sich dem Übungsgeschehen wirklich öffnet und innerlich bereit ist, auf ihren Inhalt gleichsam mit dem Dritten Ohr zu hören. Die Unterweisung darf den Schüler nicht aus einer Übung herausholen und ihn wieder in intellektuelle, abstrakte Überlegungen, Ideen und Vorstellungen hineinziehen. Sie sollen ihn ganz im Gegenteil im Tiefsten seiner Übungspraxis ansprechen und berühren, ja durch ihn hindurchfließen, so dass der Schüler ganz bei sich selbst bleibt und sich nicht gleich wieder von sich wegbewegt. Wenn Letzteres geschieht, riskieren sowohl der Schüler als auch der Lehrer, wieder in das uns allen mehr oder weniger vertraute eindimensionale Gespräch zu verfallen, was beide, vor allem aber den Schüler, von den Übungen fort-, statt zu ihnen hinführt.

Insofern stellen die folgenden Unterweisungstexte so etwas wie einen absurden Kompromiss dar, getragen jedoch von der Hoffnung, der eine oder der andere möge sich dieser altehrwürdigen Praxis wieder bedienen, um den aufnahmebereiten Schülern nicht nur die yogischen ›Techniken‹ zur ›Bewältigung‹ der angeblich oder tatsächlich komplizierten *âsanas, pranayamas, mudras* und *mantras* zu vermitteln, sondern ihnen auch zu ›zeigen‹, worin das eigentliche Ziel des Zen-Weges besteht.

Wieder habe ich in erster Linie meinen Lehrern zu danken, wieder aber auch all denen, die mir geholfen haben, besonders Frau Annegret Weiß-Caletti, Herrn Bert Sander vom Reclam Verlag Leipzig und insbesondere Frau Susanne Rick, dass aus der Idee ein Buch geworden ist.

Berlin, Oktober 2001 *Hans-Peter Hempel*

Was Yoga verspricht

> Und bestimmt demgemäß sein
> eigenes Leben aus eigener Verantwortung.
>
> F. S. Nakagawa

In den eingenommenen Körperhaltungen *(âsanas)* bewegen wir uns aus unseren eingefleischten Bewegungsmustern hinaus in ein freies, d. h. zugleich in ein neues Wahrnehmungsmuster. Ziel ist erst einmal, den natürlichen Fluss der harmonischen Gliederführung zu erreichen. Das verlangt von Anfang an eine enge Beziehung zwischen unserem Atem und unseren Bewegungen, wobei beides zur Entfaltung des ureigensten Ausdrucks führen soll, d. h. zum eigenen, nicht fremdbestimmten Rhythmus der Bewegung.

Wir alle erwerben mit der Zeit, insbesondere auf dem Weg unserer frühkindlichen Sozialisation, eine zweite Natur, die unsere eigene Natur nach dem Motto: Nimm Haltung an! überdeckt. Menschen, die Bewegungen unbeeinflusst entstehen lassen, also Gelassenheit zeigen, werden sich stets angemessener und daher auch weniger selbstschädigend entwickeln und verhalten, als das unter den Maßstäben der bisherigen Körpererziehung der Fall war.

Im Yoga erfolgt ein Sprung in die Körperselbsterfahrung. Daher ist es von der ersten Stunde an ganz wichtig, zu lernen, sich den eigenen Erfahrungen bzw. Wahrnehmungen zu öffnen, die von allen bisherigen Bewegungsabläufen weg- und zur Entdeckung der eigenen Leiblichkeit hinführen.

Viele von uns leiden an Rückenschmerzen, an Konzentrationsschwäche, an Verspannungen im Schulter-Nacken-Bereich. Im Yoga wird uns, was vielleicht der eine oder andere gerade nicht erwartet, der Spiegel vorgehalten, in dem er erkennen kann, wie verspannt er ist. Wenn ein Sportstudent sagt: »Ich habe immer gedacht, ich könnte sehr gut mit meinem Körper ›umgehen‹, aber hier komme ich mir regelrecht behindert vor«, so ist das yogisch gesehen völlig verständlich. Denn in einer Welt, die ständig auf Geschwindigkeit und zielorientierten Fortschritt, also auf Stress ausgerichtet ist und uns daher auch ständig auffordert, dieser Ausrichtung zu entsprechen, lernt man im Yoga Körperhaltungen *(âsanas)* bzw. Bewegungsformen, bei denen man nach einer halben Stunde wieder bei jener Haltung ankommt, von der man ausgegangen ist.

In einer Welt, in der man nur bestehen zu können glaubt, wenn man seine Ellbogen einsetzt, lernt man jetzt, Ruhe, Gelassenheit und Ehrgeizlosigkeit zu üben; lernt man, dass der andere kein Gegner, sondern ein Partner ist, der uns zur Selbstwahrnehmung verhilft (das Gleiche gilt natürlich auch im umgekehrten Falle).

Wir müssen, wenn wir uns auf den Yoga-Weg wirklich einlassen, bereit sein, bisher Gelerntes so rasch wie möglich zu verlernen, damit wir Neues kennen lernen können. Wenn dies geschieht, verändert sich schon in den ersten Wochen unser Leben. Wir lernen zum ersten Mal unseren Körper wirklich kennen.

Wir stoßen dabei sehr schnell auf Regionen, die uns vertraut und Regionen, die uns fremd sind und die wir am liebsten aus unserem Bewusstsein löschen würden. Aus diesen Bereichen steigen Trauer, Wut, Eifersucht, Einsamkeit und Ängste auf.

Im Laufe unserer Übungen aber, in denen wir auch bewusst

Regionen kennen lernen, aus denen Freude und Kraft aufsteigen, entwickeln wir ein neues Bewusstsein für all das, was in uns und durch uns geschieht, verbunden mit einer ganz außergewöhnlichen Konzentrationsfähigkeit, die wir schließlich in unserem Alltag nicht mehr missen möchten.

Dieser Yoga-Weg setzt natürlich schon beim Anfänger eine gewisse Bewusstheit und Disziplin voraus. Denn die Methode des Yoga ist tief greifend und verträgt namentlich während der Ausbildung keine Disziplinlosigkeit. Daher erklärt sich auch die mitunter als barsch empfundene Eigenart mancher Yoga-Lehrer, immer und immer wieder dasselbe zu sagen und unentwegt Aufmerksamkeit und Disziplin einzufordern. Ich gebe zu, dass diese Zeit für den Anfänger, der schnell Erfolg für seine Anstrengungen erwartet, nicht leicht ist – aber wer behauptet schon, dass der Yoga-Weg ein leichter Weg zur Selbstbefreiung sei?

Yoga beruht auf der Erkenntnis, dass das Leben von der Geburt bis zum Tod ein ständiges Fließen von Energie darstellt, der Mensch also ein offenes Energiesystem ist. Diese Energie nimmt in unseren Verhaltensmustern, in unseren Emotionen und Körpern sichtbar Gestalt an. Der Yoga setzt, durch ständiges Üben unterstützt, vorhandene Verspannungen und Blockaden frei, die durch physische, chemische oder psychische Traumata verursacht worden sind.

Diese Verspannungen und Blockaden führen häufig zu einer Fehlausrichtung des Körpers, der Seele (Neurosen) und des Geistes und unterbrechen ihrerseits den freien Energiefluss sowohl innerhalb des Körpers als auch zwischen uns Menschen und unserer Umwelt. Diese Blockaden hindern uns daran, das volle Potential unseres Menschseins zu verwirklichen und unser Leben in seiner Vieldimensionalität und Schönheit zu erfahren. Wenn diese Verspannungen und Blockaden sich verflüchtigt haben, bewegen sich unser Körper und unser Bewusstsein, ja wir selbst auf ein höheres Niveau zu; wir beginnen zum ersten Mal zu leben.

Vom ersten Tag an wird im Yoga eine besondere Aufmerksamkeit auf die geistige und psychische Entwicklung des Anfängers und auf die Selbstentwicklung des praktizierenden Lehrers gelegt. Das vorläufige Ziel vor allem für den Anfänger besteht darin, frei zu werden von Ängsten, von neurotischen Verhaltensweisen, von Selbstsucht, Ehrgeiz und ›Schnelligkeit‹, um sich schließlich damit vertraut zu machen, völlig entspannt im ›Hier und Jetzt‹ zu leben.

Das klare Bewusstsein, auch das Wissen um die Zusammenhänge von Struktur, Funktion und Energie, deren Vernetztheit im Körper und dessen Zusammenhang mit den psychischen und geistigen Bewegungen bzw. Impulsen in uns, wirkt sich dabei erstaunlicherweise schon nach kurzer Zeit intensiven Übens auf alle Ebenen unseres Seins aus. Das bedeutet auf der körperlichen Ebene, dass die Gifte, die sich in unserem Körper angesammelt haben, nicht zuletzt durch die *âsanas* wieder aus dem Körper abfließen bzw. ausgeschieden werden, indem die entsprechenden Kanäle und Gelenke geöffnet werden. Die körpereigene Struktur wird, so weit erforderlich, durch die *âsanas* entblockiert, so dass die Lebensenergie, um die es vorrangig geht, wieder frei fließen und neue Energie aufgenommen werden kann.

Manchmal stellen sich Erfolge schnell ein, häufiger jedoch lassen die Erfolge länger auf sich warten, wenn etwa ein Trauma im physischen, psychischen und/oder mentalen Bereich die Suche nach dem angestrebten inneren Gleichgewicht erschwert. Daher nehme ich einzelne, zum Teil äußerst schmerzhafte, d. h. spannungsgeladene Symptome ernst. Im Mittelpunkt jedoch steht der ›ganze Mensch‹ mit seinen Spannungen bzw. Schmerzen, so dass das Verschwinden solcher

Symptome während längerer Übungswochen ein durchaus angenehmes Nebenprodukt ist.

Wir erfahren zu diesem Zweck erst einmal unseren Körper, die Stätte, das Haus, in dem wir ›wohnen‹. Denn der Körper ist und bleibt die natürliche Basis, der Boden, unsere eigentliche ›Heimat‹, ohne die wir nicht leben können, gar nicht ›da‹ wären. Sobald man uns dazu erzieht, uns unseren Körper zum Feind zu machen, erzieht man uns dazu, uns zu vernichten, uns unglücklich zu fühlen, ja das Leben zur Hölle werden zu lassen. Ich betone in diesem Zusammenhang daher immer wieder, dass wir mehr als unser Körper, mehr als unsere Seele und mehr als unser Geist sind.

Der Körper, in dem wir leben bzw. ›wohnen‹, ist zugleich unsere grundlegende Wahrheit. Wenn wir ihn nicht respektieren, verlieren wir den Kontakt zu ihr und der Wirklichkeit, in der wir leben. Daher ist es so wichtig, dass wir mit unserem Körper achtsam umgehen und Dankbarkeit für ihn empfinden und zeigen. Je intensiver wir ihn ›wahr‹-nehmen, desto mehr empfinden wir ihn schließlich auch als unser letztes Geheimnis; er ist ein so komplexes Phänomen, dass wir ihn niemals ganz begreifen werden.

Wir finden Steine, Felsen, Berge, Flüsse, Bäume und Blumen und vieles andere schön, merkwürdigerweise aber unseren eigenen Körper weniger schön, weniger beachtens- und bewunderungswert. Erstens hat man uns das so einmal beigebracht, und zweitens ist er uns so nah, dass wir ihn sehr leicht vergessen. Er ist uns in seinem Reichtum zu selbstverständlich geworden, so dass wir ihn sehr häufig vernachlässigen.

Im Yoga lernen wir die Achtung und die Liebe zu unserem Körper wieder zurückzugewinnen. Wir lernen, ihn als göttliche Schöpfung anzusehen und durch Atem- und Körperübungen zu revitalisieren, so dass die Lebensenergie in uns wieder frei fließen kann. Erst dann können wir über uns selbst hinauswachsen und unser Menschsein verwirklichen.

Unser Körper muss von vielen Repressionen befreit werden, die bisher auf ihn einwirkten. Er ist vergiftet worden, weil wir uns gegen ihn gestellt und ihn in seinem Lebenswillen häufig auch unterdrückt haben. Seither vegetiert er nur noch auf einem Minimum vor sich hin. Die Folge ist: Wir fühlen uns elend und im Grunde genommen unglücklich. Wir wissen aber auch: Glücklich werden wir erst, wenn wir intensiv zu leben beginnen. Wir sind aber nicht in der Lage, intensiv zu leben, wenn wir weiterhin gegen unseren Körper eingestellt bleiben, ja gegen ihn ankämpfen.

Die vitalen Kräfte sind aus ihm verschwunden. Daher haben heute vermutlich auch so viele Menschen ständig ›kalte Füße‹, weil sie nicht mehr auf dem Boden der sie bestimmenden Tatsachen stehen; wir sterben, hat uns Beckett gezeigt, von den Füßen her ab. Yoga lehrt daher: Reinige zuerst einmal deinen Körper von Innen her. Befreie dich von den Repressionen, lass die Körperenergie wieder frei fließen und beseitige vor allem die Blockaden, die dich daran hindern – zu leben, d. h. zu sein. Lerne, dich zu entspannen, lockere deine Verspannungen. Dem dient Yoga vorrangig.

Yoga dient aber auch dem Ziel, dass du endlich aufwachst. Du kannst jedoch nicht aufwachen, wenn du energetisch, wie schon angedeutet, verspannt und blockiert bist.

Wir alle vermögen es bis heute nicht, unverkrampft zu leben; wir müssen es erst lernen. So atmen wir in unserem Körper nicht wirklich frei und entspannt – aus Angst vor unserer eigenen Sexualität. Denn wenn wir tief atmen, strömt der Atem direkt in unser Becken, in unser Sexualzentrum etwa – und wir spüren jetzt ein für uns ungeheures Fließen, das erregend ist. Da uns aber beigebracht wurde, dass dieses Fließen höchst gefährlich sei, lernten wir schon als Kinder flach zu atmen, so dass der Atem bis heute praktisch nicht über die Brust hinausgekommen ist. Erst wenn die Lebensenergie freigesetzt wird, also wirklich zu strömen beginnt, fangen wir im Grunde genommen auch zu leben an, wird unser ganzes Wesen erst wirklich durchströmt, d. h. lebendig. Wir können auch sagen: Aus Angst vor dem Leben halten wir permanent den Atem an, so dass unsere Lungen praktisch zur Hälfte ständig mit Kohlendioxyd gefüllt sind.

In unseren Lungen gibt es ungefähr 6000 Hohlräume. Gewöhnlich werden 3000 davon nicht in Anspruch genommen, d. h. auch nie gereinigt. Folglich sind sie immer mit Kohlendioxyd gefüllt. Die Folge: Wir fühlen uns ständig vitalitätsmäßig bedroht und wachen daher auch niemals wirklich auf. Wir sind und bleiben träge, dumpf und ängstlich. Zu einem wirklich wachen Bewusstsein kann es aufgrund dieser Ausgangslage nicht kommen. Atmen, von der ersten Stunde an unter Anleitung geübt, befreit uns allmählich von diesem Zuviel an Kohlendioxyd, so dass wir jetzt mehr Sauerstoff einatmen können, der unser inneres Feuer entfacht. Damit beginnen wir zu leben, eines Tages sogar bedingungslos, total zu leben. Wir beginnen uns zu akzeptieren; unser wahres Sein tritt hervor. Denn wenn wir uns wirklich dem Fließen anheim geben, uns in dieses Fließen hinein los-lassen, und wir sprechen ja auch vom Atem- und vom Lebensfluss, und nicht gegen dieses Fließen ankämpfen, sondern mit ihm in Einklang leben, sind wir in Wirklichkeit schon über unseren Körper hinausgewachsen. Dann funktioniert auch unser Verstand optimal und wir begreifen, dass wenn wir wirklich leben, wir die Einheit von Körper, Seele und Geist tatsächlich erfahren. Wir sind aufgewacht.

Das geschieht jedoch nicht, wenn wir uns in unserem Körper wie in einem toten Ding eingesperrt fühlen, wenn wir erstarrt sind und unseren Körper wie einen schwarzen Sarg mit uns herumschleppen, wenn unser Körper uns eher hinderlich ist und uns nicht hilft, mit der Wirklichkeit in Kontakt zu treten und es auch zu bleiben.

Wenn wir es zulassen und das müssen wir leider erst wieder lernen, dass der in uns vorhandene Energiestrom von den Fußspitzen bis zu den Haarspitzen fließt, wenn wir der Bioenergie wieder ihre totale Freiheit zurückgeben und sie eben nicht ständig abblocken, tritt ein Zustand ein, in dem wir unseren Körper auch nicht mehr wie bisher spüren; wir fühlen uns jetzt körperlos. Das heißt: Wenn wir aufhören, gegen unseren Körper anzukämpfen, stellt unser Körper für uns auch keine Last mehr dar; er wird schwerelos, obwohl wir über den Körper fest mit der Erde verbunden sind und es auf dem Yoga-Weg auch bleiben. Das tritt jedoch erst dann ein, wenn wir, wie Nietzsche sagt, das Große Ja zu unserem Körper und damit zum uneingeschränkten Leben ja gesagt haben.

Yoga fordert uns auf, uns wieder unserer Sinne zu erinnern. Sie sind aufgrund unserer Sozialisation häufig abgestumpft. Doch sie sind und bleiben die Pforten unserer ›Wahr‹-nehmung, die Fenster zur Wirklichkeit. Öffnen wir unsere Augen, unsere Ohren, pflegen wir unser Schmecken, unser Riechen und Ertasten, indem wir zunächst erst einmal wieder uns selbst wirklich riechen und schmecken, uns ertasten lernen und dies so total wie nur möglich – dann ist das so, als ob wir erstmals sprechen lernen, mündig werden würden. Denn die Technogesellschaft, in der wir leben, kann nur existieren, wenn sie uns hinters Licht führt und uns alles vergessen lässt, was wir sind.

Ganz Auge wieder werden, ganz Ohr, ganz Schmecken, ganz Riechen, ganz Tasten, totales Berühren: Eines Tages, ohne jede Anstrengung, führt uns unser so gestärktes Gewahrsein schließlich auch zur Meditation.

Wenn die Sinne lebendig sind, wird alles sofort transparent und klar. Wir leben dann nicht mehr wie hinter einer abgedunkelten Scheibe, hinter der alles dumpf und tot aussieht. Unter diesem äußerst eingeschränkten Blickwinkel betrachten wir den Raum, der heute noch glanzlos aussieht, weil unsere Augen abgestumpft sind. Wir hören ein Lied, aber es spricht uns nicht an, weil unsere Ohren längst abgestumpft sind. Wir haben auch verlernt, uns wirklich zu berühren; wir stecken in unserem Alltag voller Berührungsängste. Wir weichen ständig vor unseren Mitmenschen wie vor uns selbst zurück. Wir grenzen uns unentwegt ab. Wir freuen uns nur ganz selten aneinander. Aber wenn wir wirklich leben und zu Bewusstsein kommen wollen, dürfen wir keine Gelegenheit verstreichen lassen, sämtliche Sinne endlich wiederzubeleben.

Dazu gibt es jeden Tag unzählige Gelegenheiten, die wir nutzen können. Wir brauchen uns dafür nicht extra Zeit zu nehmen. Wenn wir duschen, nutzen wir die Gelegenheit, um zu spüren, wie das fließende Wasser sich auf unserer Haut anfühlt. Legen wir uns nackt auf den Boden und spüren wir die Erde, den Sand, so werden wir gewahr, wie nahe wir uns selbst sein können. Lauschen wir dem Klang. Und wir werden wieder lebendig.

Dann fällt auch ein großer Teil unserer Gewohnheiten von uns ab. Gewohnheiten gehen auf Abstumpfungen zurück. Routine lässt uns erstarren. Jede Routine steht im Grunde stets im Dienste des Todes. Die wiedererweckten Sinne aber verführen uns umgekehrt dazu, dass uns immer wieder etwas Neues einfällt – unserem Erfindungsreichtum sind keine Grenzen gesetzt.

Durch Yoga entdecken wir ständig neue Wege in allem, was wir tun; insofern ist es nie langweilig. Ganz im Gegenteil: Wir werden immer wissbegieriger, immer neugieriger auf das Neue und Unbekannte. Unsere Augen bleiben geöffnet, unsere Sinne klar. Denn sobald wir bereit sind, Neues zu entdecken, ist es unmöglich, stumpfsinnig zu werden bzw. vorzeitig zu vergreisen.

Der Yoga lehrt: Alles auf immer neue Weise zu tun, um sich so so weit wie möglich von ruinösen Gewohnheiten zu befreien.

Der Yoga lehrt: unsere Sinne nicht dadurch abzustumpfen, indem wir Menschen und ihre Wege nur nachahmen. Der Yogi sucht und findet seinen eigenen Weg.

Der Yoga lehrt: individuell, authentisch zu sein und es zu bleiben. Damit wird gleich noch ein dritter Themenkreis angesprochen. Neben dem, was ich zum Körper und zu unseren Sinnen gesagt habe, muss jetzt auch der Verstand noch alles neurotische, zwanghafte Denken aufgeben und die Möglichkeit, Stille zu erfahren, lernen. Aber wie?

1. Lass den Verstand ›laufen‹. Unser Kopf ist voller ›Gedanken‹, d. h. ›Vorstellungen‹. Wir schauen sie uns ab heute nur noch aus der Distanz an: unbeteiligt.

Sei einfach nur noch der Beobachter deiner Gedanken, ›Vorstellungen‹ und ›Ideen‹. Allmählich oder plötzlich wirst du entdecken, dass zwischen den Gedanken Lücken der Stille auftreten.

2. Sobald dir bewusst geworden ist, dass es diese Lücken, diese Pausen tatsächlich gibt, werde dir deines Beobachterstatus bewusst. Allmählich oder plötzlich treten weitere Lücken auf und du verschwindest: genau so wie vorher die Gedanken verschwanden. Der ›Denker‹ verschwindet, heißt es im Zen; und es entsteht Stille: jenseits von Subjekt und Objekt.

Ayurveda – Die Lehre vom Leben

Gesund-sein bedeutet, wach, lebendig, mitfühlend zu sein. Wesentlich ist dabei, dass wir zentriert bleiben, und wenn wir es nicht sind, diesen Zustand immer wieder zu erreichen versuchen.

Die westliche Medizin betrachtet den Menschen als eine separate, von der Natur getrennte Einheit. Der Mensch ist aber Teil eben dieser Natur und Gesundheit bedeutet daher, in Harmonie mit dieser Natur zu leben.

Die westliche Medizin besitzt auch heute noch, trotz aller Alternativen, ein mechanistisches Menschenbild. Überall dort, wo ›Mechanik‹ Erfolg verspricht, ist sie auch erfolgreich. Der Mensch ist aber keine Maschine; er manifestiert sich als gestimmte Leiblichkeit, wobei es nicht genügt, stets nur den oder einen kranken Körperteil zu behandeln. Denn der kranke Teil ist stets nur ein Symptom für Probleme mit dem Gesamtorganismus. Das Symptom tritt nur an dem kranken Teil zutage, weil er nun einmal der schwächste ist. Wir sprechen daher auch von Symptomwanderungen, die so lange stattfinden werden, bis wir begreifen, dass der Mensch ein Ganzes ist. Wenn wir den Menschen, also uns, weiterhin wie eine Maschine betrachten, sehen wir uns selbstverständlich auch nur bruchstückhaft. Wenn z. B. eine Hand krank ist, wird vom Arzt gewöhnlich eben nur diese Hand behandelt. Er kümmert sich nicht um den übrigen Teil des Körpers, der zu dieser Hand gehört.

Die mechanistische Betrachtungsweise ist also eine einseitige Betrachtungsweise. Und ihre Methoden haben nur einen scheinbaren Erfolg. Denn die Krankheit, die durch Medikamente, durch Operationen und andere Methoden unterdrückt wird, beginnt sich schon nach kurzer Zeit anderswo und dann häufig noch viel intensiver, auszuwirken. Das zeigt sich u. a. darin, dass der enorme Fortschritt der Medizin in einem eklatanten Missverhältnis zu den Krankheiten und körperlichen Gebrechen steht, an denen die Menschen heute immer noch leiden.

Das Problem der westlichen Medizin besteht darin, dass sie mit wenigen Abstrichen immer noch der Auffassung ist, wir seien nicht viel mehr als ein Mechanismus, bestehend aus Körper und Geist. So können die Augen ersetzt werden, die Hände, die Beine, das Herz und früher oder später sicher auch noch das Gehirn.

Der Fortschritt der westlichen Medizin bleibt ambivalent. Denn die gesundheitlichen Probleme und Krankheiten sind weiterhin auf dem Vormarsch. Selbst wenn es gelänge, einen Menschen ohne Krankheiten hervorzubringen, würde das sicher noch nicht bedeuten, dass er gesund wäre. Denn Gesundheit stellt erst jenen einzigartigen Zustand dar, mit unserer Existenz im Gleichgewicht zu leben. Das aber lässt sich mit der Schulmedizin nun einmal nicht erreichen.

Die westliche Medizin geht von der Krankheit bzw. den Krankheiten aus, die indische Medizin dagegen von der Gesundheit, vom Leben; Ayurveda, das eigentliche Fundament des Yoga-Weges, ist die Lehre vom Leben. Das stellt einen gewaltigen Unterschied dar.

Ayurveda dient dazu, dem Auftreten von Krankheiten von vornherein den Weg zu versperren, sie erst gar nicht auftreten zu lassen, das Leben zu leben, also Krankheit unmöglich zu machen. Das könnte sie nicht, wenn sie nicht den Menschen als ein multidimensionales, leibendes Wesen verstehen würde. Gesundheit darf ihr zufolge nicht negativ, sondern muss stets positiv definiert werden.

Die westliche Medizin definiert Gesundheit als Abwesenheit von ..., weil sie unter Krankheit etwas Objektives, das Gefühl, die Stimmungen, das Wohlbefinden aber als etwas Subjektives begreift. Sie akzeptiert den Menschen nur als ›Körper‹; sie akzeptiert ihn jedoch nicht in seiner Ganzheit, in seiner Leiblichkeit; hier nimmt sie ihn erst gar nicht wahr, geschweige denn ernst. Das bleibt trotz allen Fortschritts ihre Krux.

Die westliche Medizin ist methodisch, logisch, analytisch. Das trifft für den Ayurveda nur bedingt zu. Hier hängt alles davon ab, ob wir vom Intellekt zur Intuition, ob wir vom Männlichen zum Weiblichen, vom Yang zum Yin ›umschalten‹ können. Damit widersetzt sich der Ayurveda einem vorrangig aktiven und aggressiven ›Vorgehen‹.

Sind wir passiv, können wir eine rezeptive Lebenseinstellung gewinnen, sind die Voraussetzungen dafür geschaffen, dem Leben in seiner Vieldimensionalität begegnen zu können. Zwar beginnt sich der Westen allmählich für Ayurveda und Yoga zu interessieren, aber das geschieht dann gleich wieder unter der Perspektive des ›westlichen‹ Denkens, ohne gerade dieses Denken je überhaupt in Frage zu stellen. Und schon ist wieder eine Chance vertan. Denn wo der westliche eindimensionale Verstand bzw. seine instrumentelle Vernunft ins Spiel kommt und für sich Ausschließlichkeit einfordert, ist die grundlegende Basis des ›östlichen‹ Denkens bereits zerstört. Was übrig bleibt, sind nur noch unverstandene Fragmente, die so nicht ›funktionieren‹. Die Folge ist: Das Interesse lässt nach, und der ›Beutegang‹ nach Neuem und immer wieder Neuem und erst recht nach ganz Neuem gerät auf ein völlig falsches Gleis.

Sich auf den Menschen einzustimmen, wie es der ayurvedischen bzw. yogischen Einstellung gemäß ist, ist etwas völlig anderes als das, was wir Abendländer gewohnt sind. Wenn wir zum Arzt gehen, fängt dieser zu diagnostizieren, zu analysieren und zu prognostizieren an, um herauszufinden, wo die Krankheit liegt, worin sie besteht und wie man ihrer so schnell wie möglich ›habhaft‹ werden kann. Er nimmt unter Zuhilfenahme seiner streng wissenschaftlich-technischen Ausbildung den Kampf gegen die Krankheit auf und versucht, sie so schnell wie möglich zu ›besiegen‹. Der Mensch selbst ist dabei völlig aus dem Spiel. Der Arzt kümmert sich im Grunde nicht um ihn; er ist für ihn uninteressant. Was ausschließlich zählt, ist seine mehr oder weniger akute Beschwerde.

Im Ayurveda hingegen ist die Krankheit gar nicht so wichtig. Allein der Patient, der Mensch ist wichtig. Denn er ist es, der die Krankheit hervorgebracht hat.

Die Ursache liegt ayurvedisch gesehen im Patienten; die Krankheit ist und bleibt dabei nur ein Symptom. Man kann, das wissen wir heute, das Symptom ändern, dann aber wird ein anderes Symptom auftauchen. Man kann die Krankheit sicher auch durch Medikamente ›bezwingen‹. Man kann sie in ihrer Entwicklung ›aufhalten‹, nach kurzer Zeit wird sie sich aber wieder zeigen: dann häufig sogar gefährlicher, machtvoller und rachsüchtiger.

Je stärker man die Krankheit auf der einen Seite zurückdrängt, umso mehr behauptet sie sich auf der anderen. Für den Patienten hat sich dabei überhaupt nichts verändert; er bleibt derselbe. Und da die ›Ursache‹ weiterbesteht, erzeugt sie selbstverständlich auch weiterhin ihre ›Wirkung‹.

Dabei kann der cartesianische wissenschaftlich-technische Verstand, dem sich die westliche Medizin rückhaltlos anvertraut hat, nicht zur wirklichen Ursache der Krankheit vorstoßen. Er kann immer nur die Wirkung angehen. Darum ›vergisst‹ der Ayurveda-Arzt auch immer wieder sein so reichhaltig akkumuliertes Wissen und versucht sich dafür erst einmal ganz auf den Patienten einzustellen und vor allem auch einzustimmen, um sich mit ihm in Einklang zu bringen, was natürlich nur durch ein ausführliches Gespräch möglich ist.

Er übt sich darin, eine Verbindung zum Patienten herzustellen, um so der Krankheit, die diesen aufge-›sucht‹ hat, auf die Spur zu kommen. Denn die Ursache liegt für ihn stets im Verborgenen. Er wird zu einem ›Spiegel‹ und findet die Reflexion in sich selbst. Er lässt sich mit anderen Worten ›auf den Patienten ein‹. Das ist übrigens auch das, was einen Yoga-Lehrer auszeichnet; er wendet sich mit Haut und Haaren seinen Schülern zu.

Der Yoga, der im Ayurveda gründet, ist keine neuzeitliche ›westliche‹ Wissenschaft, so dass, wenn wir mit einer neuzeitlichen, ›westlichen‹ Einstellung Yoga zu praktizieren oder gar zu beurteilen versuchen, wir immer wieder eine bloß ungefähre Ahnung davon erhalten; das Wichtigste wird fehlen. Und selbst wenn es dem einen oder anderen gelingen sollte, etwas davon zu ergreifen, so wird es nicht viel bringen. Am Ende werden die Aspiranten frustriert sein und sich von diesem Weg abwenden.

Der ayurvedisch-yogische Ansatz ist also ein völlig anderer, als derjenige der cartesianischen Wissenschaft: nicht in jedem Falle logisch, nicht sehr männlich, eher feminin, eher unlogisch, intuitiv, was aber nicht heißt, dass er ohne Wissen auskommt. Im Ayurveda wird nicht syllogistisch gedacht wie beim aristotelisch-cartesianischen Prinzip. Der ayurvedische Arzt nimmt stattdessen zutiefst an seiner eigenen Existenz wie der Existenz des anderen teil und erlaubt so seiner Natur, ihm ihre Geheimnisse preiszugeben. Seine Haltung ist nicht aggressiv gegen die Natur eingestellt, er versucht sie bestenfalls zu überreden. Er nähert sich demzufolge dem eigenen Körper vom Zentrum her, um sich und den anderen überhaupt erst verstehen, schließlich auch ›erkennen‹ zu können.

Ich behaupte, dass die klinische Medizin genauso wenig wie die Psychoanalyse heute über die Grenzen des eindimensionalen Sachverstandes hinausgeht. Dieser ständig messende, kalkulierende Verstand, kurz: die Ratio, schafft ihrerseits Probleme über Probleme, ohne von Erfolgen sprechen zu können, weil sie nicht weiß, was Leben eigentlich heißt. Das wird einsichtig, wenn wir uns einmal den zweiwertigen Verstand vergegenwärtigen, ihn beobachten. Dann nämlich treten wir aus ihm heraus. Vorher werden wir nicht die Erfahrung machen, dass mit ihm die Probleme verschwinden, die er unentwegt schafft.

Im Osten aber hat man den eindimensionalen ›Sachverstand‹ als das erkannt, was er ist: die niedrigste Erkenntnisstufe innerhalb der Möglichkeiten unseres Bewusstseins. Wenn wir uns und die Wirklichkeit, in der wir leben, überhaupt verstehen wollen, muss er so schnell wie möglich auf die nächsthöhere Stufe transzendiert werden. Andernfalls verstellt er uns jede weitere Sicht.

Da die Psychoanalyse, um sie hier beispielhaft zu erwähnen, als Wissenschaft auf dieser niedrigsten Stufe verharrt, ist sie für den Psychoanalytiker heute allemal nur noch ein gutes Geschäft. Denn die ›Tiefenpsychologen‹ wissen ohne jeden Zweifel genauso gut, wie Freud es wusste: dass sie niemals einen einzigen Menschen wirklich zu heilen imstande waren und sind. Der sich wissenschaftlich-technisch gebärdende ›Sach‹verstand kann von seinen Voraussetzungen her gesehen unsere Probleme nicht wirklich ›lösen‹. Sobald er aber transzendiert worden ist, betrachten wir unsere Probleme und Problemchen, die uns täglich so ungeheuer quälen, als gehörten sie überhaupt nicht zu uns, als gehörten sie zu jemand anderem, nur nicht zu uns. Machen Sie diesen Versuch einfach einmal selbst.

Der Ayurveda geht davon aus, dass in jedem Menschen drei Grundkräfte, *doshas* (im Yoga *gunas*) genannt, wirken:
   1. *Vata* repräsentiert das Bewegungsprinzip, zuständig für

die Muskulatur, die Funktion der Sinnesorgane und des Geistes;

2. *Pitta* regelt den Stoffwechsel. Es steht für den Intellekt und die Emotionen;

3. *Kapha* repräsentiert die biologische Stärke des Körpers, dessen natürliche Abwehrkräfte.

Jeder Mensch bringt, und das ist entscheidend, seine *eigene dosha-Mischung* mit ins Leben. Gerät sie aus dem Gleichgewicht, ist eine Krankheit im Verzug. Das impliziert, dass es im Ayurveda durchaus darauf ankommt, was wir essen bzw. zu uns nehmen und wieder abgeben. So wie wir unseren Körper täglich bewusst reinigen, werfen wir nicht mehr jede Abfallnahrung in uns hinein, weil gerade sie uns immer wieder aus dem Gleichgewicht bringt. Die Mahlzeit sollte dabei aus frischen Zutaten bereitet sein und sechs Geschmacksrichtungen enthalten: süß und salzig, scharf und bitter, sauer und zusammenziehend.

Die ayurvedische Kost ist nicht unbedingt vegetarisch nur dann, wenn die *Panchakarma*, d.h. die ayurvedische Reinigung, unterstützt werden soll. Hinzu kommen heißes Wasser, wahlweise Vata-, Pitta-, Kapha-Tee und zur besseren Verdauung Lassi, Joghurt, mit Fruchtsaft gemischt. Bei dem heute so viel zitierten applizierbaren Ghee handelt es sich um geklärte Butter, mit der namentlich die fettlöslichen Gifte aus dem Körper herausgeschwemmt werden sollen. Während wir im Westen unter dem Begriff Fasten Abmagerungskuren veranstalten, die lediglich ein Hinweis dafür sind, dass mit unserer Ernährung im umfassendsten Sinne des Wortes, also auch geistig-psychisch, etwas schief gelaufen sein muss, heißt Fasten im Sanskrit *upavas*, d.h. ›dir näher wohnen‹, ›dir näher sein‹, ›leben‹. Fasten in diesem Verständnis ist dabei nicht so sehr ein Tun, sondern ein Geschehen, wobei hier wieder die geistige Haltung sichtbar wird, die eingenommen werden muss, wenn Yoga sinnvoll praktiziert werden soll. Wenn wir nicht bereit sind, geistig zu fasten, d. h. ganz bestimmte Gewohnheiten endlich aufzugeben, nützt auch die beste Diät nichts. Sie wird uns nicht wieder – schon gar nicht dauerhaft – in unser Gleichgewicht zurückbringen. Ich halte daher eine geistige Schulung des Yogis für unabdingbar. Das heißt, wir müssen lernen, warum wir dieses oder jenes tun, um nicht zuletzt auch falschen Autoritäten aus dem Wege gehen zu können. Aber wir müssen auch lernen, das, was wir hier erfahren, ayurvedisch-yogisch überhaupt einordnen zu können.

Wir haben erst dann zu unserem vollen Gleichgewicht zurückgefunden, wenn nichts mehr zum Los- und Fallenlassen übrig geblieben ist; wenn das ›Ich‹, das ›Selbst‹ und alle anderen möglichen ›Vorstellungen‹ und ›Ideen‹, einschließlich die der Wissenschaften, verschwunden sind, so dass das Haus, in dem wir wohnen, leer geworden ist. Erst in dieser Leere schaffen wir den Raum, in dem wir wieder aufblühen können. Dieser Raum existiert nicht außerhalb von uns, er ist immer schon da, ›in‹ uns nur bisher vollgestopft mit morschen Möbeln, auch mit ›Ideen‹ von diesem oder jenem Fasten und anderen unnötigen Dingen, die die Konsumgesellschaft uns ständig aufschwätzt.

Wenn wir all dies erst einmal ausräumen, auch die von uns allen so geliebte Abfallnahrung, wenn wir im wahrsten Sinne des Wortes leer geworden sind, so wie ein Zimmer leer geräumt worden ist, erst dann ›ereignet‹ sich in uns auch jene *Offene Weite*, die den cartesianischen Horizont hinter sich lässt und uns mit unserer Authentizität erstmals beschenkt – vorher nicht.

Den Schritt dahin müssen wir jedoch von einer Bewusstseinsebene zur nächsten selbst gehen; diese Schritte werden uns nicht abgenommen. *Neti, neti* so lange, bis nichts mehr übrig bleibt, auch nichts von Freud, Adler, Jung und den vielen anderen Psychologen, an denen wir uns so gerne festhalten (›anhaften‹). Plötzlich verstehen wir auch: Wir sind schon längst da, wir waren und sind schon immer da; nur waren unsere Augen und Ohren ständig auf ›Objekte‹ ausgerichtet, auf eine Vielzahl von ›Problemen‹ bzw. ›Verknotungen‹ und ›Sachverhalte‹, die wir, ohne es zu merken, selbst häufig erst kreiert haben. Jetzt sind die Objekte erstmals wieder zu dem geworden, was sie sind. Was übrig bleibt, ist unser Zeugesein, ist unsere Bewusstheit.

Natürlich werden wir auch weiter für uns und unsere Familie unseren Lebensunterhalt bestreiten, vielleicht auch erstreiten müssen. Aber wir werden nicht mehr vergessen, was wirklich Leben heißt, so dass wir uns auch gegen das unwirkliche Lebensmuster und gegen den unwirklichen Lebensstil, der uns in diesen Zeiten aufgenötigt wird, zur Wehr setzen, indem wir endlich alles Unwirkliche fallen lassen und den aufrechten aufrichtigen Gang erstmals ohne medizinischen und psychotherapeutischen Beistand selbst zu gehen versuchen.

Unser Wahnsinn und der Wahnsinn, in dem wir leben, kommen in erster Linie daher, dass jeder von uns und wir alle zusammen ein unwirkliches Leben leben, das uns keine wirkliche Erfüllung bringt. Yoga lehrt: Verliert Euch nicht in der Menge der Gäste; erinnert Euch an Eure Gastgeberrolle. Und dieser Gastgeber ist ›Gewahrsein‹, ist das ›beobachtende Bewusstsein‹; der Gastgeber ist unser ›beobachtendes Selbst‹.

Diese Einsicht geht von Buddha aus, der lehrte, dass es kein Leiden auf der Welt gibt; dass wir Menschen nur fest schlafen und alle möglichen Leiden uns nur ausdenken, sprich: erträumen. Verändere daher die Ebene Deines Bewusstseins auf dem Weg des Yoga, und die Probleme werden sich weitgehend von selbst auflösen. Auch die Fülle Deiner Krankheiten, mit denen Du Dich ständig beschäftigst, wird, wenn auch nicht über Nacht, so doch allmählich verschwinden.

Das innere Gleichgewicht

Der Mensch stellt ein offenes Energiesystem dar. Das, was wir gewöhnlich Gesundheit nennen, hängt nicht zuletzt vom Zustand dieses Energiesystems bzw. -feldes ab; Krankheit bedeutet, dass wir aus unserer Mitte herausgefallen sind.

Das Ziel des Yoga, der, wie angedeutet, im Ayurveda gründet, besteht darin, die bioenergetischen Kräfte im Gleichgewichtszustand zu halten und gegebenenfalls wieder in den Gleichgewichtszustand zurückzubringen. *Vàta* ist Wind, *pitta* Galle und *kapha* Schleim. Aus diesen Körpersäften bzw. Bioenergien bestehen wir Menschen.

Vàta ist das Bewegungsprinzip, u. a. der Gedanken, des Atems, des Nerven- und *chakra*-Systems. *Pitta* ist das Umsetzungsprinzip, entscheidend für die Verdauung. Alles, was brennt, ja was verarbeitet wird, hat mit *pitta* zu tun, einschließlich unserer intellektuellen Fähigkeiten. *Kapha* stellt schließlich das Erhaltungsprinzip dar; es beinhaltet Stabilität, den Zellaufbau, das Immun- und das Lymphosystem.

Diese drei *bioenergetischen Kräfte (doshas)* manifestieren die fünf Grundelemente unseres materiellen Da-seins: *Vàta* besteht aus Äther und Luft, *pitta* aus Feuer und etwas Wasser und *kapha* aus viel Wasser und Erde. Die jeweilige *dosha*-Konstitution wird zwar im Wesentlichen durch die Geburt bestimmt, kann sich aber im Verlaufe des Lebens selbstverständlich verändern.

Wir bekommen jeweils die Beschwerden des *doshas*, das wir nicht auszudrücken in der Lage sind. Die Wünsche und Ziele, die wir möglicherweise unterdrücken, verursachen einen Energiestau; folglich ist es äußerst wichtig, sich dieser nicht gelebten Anteile allmählich bewusst zu werden.

Das Problem, vor dem wir in unserer wissenschaftlich-technischen Gesellschaft stehen, besteht darin, dass wir in einer *vàta*- und *pitta*-Welt leben, die für die *kapha*-Eigenschaften wie Ruhe und Gelassenheit wenig Verständnis aufbringt. Das, was unserer Welt fehlt, ist Mitgefühl und Einsichtsvermögen (Intelligenz), Freude, Liebe und vor allem zwischenmenschliche Wärme.

Wenn ich auch dringend von Eigen- bzw. Laiendiagnosen abrate, will ich doch, indem ich einige Hinweise aus der Zungendiagnostik exemplarisch für den Yoga-Weg vor Augen führe, wenigstens kurz die Richtung anzeigen, in der ayurvedisch diagnostiziert wird.

Ein weißlicher Zungenbelag deutet auf ein Übermaß an *kapha* hin, ein gelblich-grünlicher auf ein Übermaß an *pitta*, und ein bräunlich-bläulicher steht im Zusammenhang mit einem Zuviel an *vàta*.

Die vordere Zungenspitze ist die beste Diagnosestelle für *kapha*, die Mitte für *pitta* und der hintere, zur Zungenwurzel gehende Bereich für *vàta* und für den Dickdarm. Zahnabdrücke am Rande der Zunge bedeuten eine geschwächte Assimilation von Nährstoffen; ebenso haben auch Längs- und Querfurchen auf der Zunge ihre Bedeutung, am besten, man hat keine.

Von Geburt an, also während der Kindheit, ist *kapha* der vorherrschende *dosha*. Mit der Pubertät setzt *pitta* vermehrt ein. Deshalb ergeben sich Akne-Probleme und häufig auch eine zu beobachtende ›Bockigkeit‹ der Teenager.

Den Höhepunkt der *pitta*-Energie erreichen Frauen mit vierunddreißig oder fünfunddreißig Jahren. Danach wird diese wieder weniger und ab sechzig Jahren tritt dann verstärkt *vàta* hervor.

Frauen mit einem hohen *vàta*-Anteil haben mehr Wechseljahresbeschwerden, Frauen mit einem hohen *kapha*-Anteil hingegen weniger. Ab vierzig sollte sich die Frau auf die Wechseljahre vorbereiten und *vàta* stabilisieren oder bei einer großen Dominanz dieses *doshas* reduzieren.

In den Wechseljahren wird häufig Kalzium abgebaut, wobei einige Frauen Probleme mit Osteoporose bekommen. Deshalb ist es sehr wichtig, auf eine ausreichende Kalziumzufuhr zu achten, indem durch eine mineralstoffreiche Ernährung wie Milch und Rohkostsäfte und die zusätzliche Einnahme des homöopathischen Mittels Calcium phosphoricum D 6, wieder ein Ausgleich herbeigeführt wird.

Ein typisches *pitta*-Problem während dieser Zeit sind die Hitzewallungen; Gewichtszunahme ist spezifisch für *kapha*.

Um diesen Problemen zu begegnen, steht an erster Stelle wieder die Harmonisierung der *doshas* bzw. *gunas*. Da die Menstruation ayurvedisch gesehen als ein Reinigungsprozess aufgefasst wird, besteht im Ayurveda die Vorstellung, dass durch das Ausbleiben der Monatsblutung eine Ansammlung von *ama*, d. h. von Schlackenstoffen, stattfindet, weswegen regelmäßige Reinigungskuren wie Fasten- oder Abführtage, Ölmassagen, Einläufe u. a. angeraten sind.

Unabhängig von den spezifischen Ayurveda-Rezepturen einschließlich der Ernährung, die zu einer Harmonisierung der *doshas* bzw. *gunas* beitragen sollen, lässt sich u. a. auch die optimale Trinkmenge für den Körper errechnen: das Körpergewicht × 0,03 l. Wenn man 1/20 davon alle halbe Stunde trinkt, entspricht das schon einer Reinigungskur; Milch mit etwas Ghee wirkt als Stärkungsmittel.

Alle drei Monate werden unsere Knochen von Grund auf neu gebildet, alle sechs Wochen haben wir eine neue Leber. Die Haut erneuert sich jeden Monat. Alle vier Tage bildet sich eine neue Magenschleimhaut, »und die Zellen der Oberflächenschicht, die beim Verdauungsvorgang in unmittelbaren Kontakt mit der aufgenommenen Nahrung treten, werden alle fünf Minuten erneuert« (Chopra 1996, 14). Dass dabei den *doshas*, also den letzten Prinzipien unseres Energie(materie)austausches eine erhebliche Bedeutung zukommt, scheint offenkundig zu sein. Wie unsere Leber, unsere Nieren und unser Herz arbeiten, wie hoch unser Insulinspiegel und der Spiegel der anderen Hormone liegen, was es schließlich mit unserer Verdauung auf sich hat, wird durch das fortwährende Wechsel- und Zusammenspiel dieser drei genannten Prinzipien bestimmt.

Wir sehen uns die bioenergetischen Funktionen an und vertrauen dabei den auch allen *âsanas* zugrunde liegenden Prinzipien der Selbstregulation und Selbstorganisation alles Lebendigen, die der permanent drohenden Erstarrung des Lebens entgegenwirken. Im Yoga sprechen wir häufig von den drei genannten *gunas*, die die *prakriti* bilden und nicht nur in der Natur ›da draußen‹, sondern auch ›in‹ uns wirken. Wir sprechen von *rajas*, dem Tätigkeitsprinzip, von *tamas*, dem Trägheitsprinzip und von *sattva*, dem Gleichgewichtsprinzip zwischen beidem, wobei die *âsanas* ihren entscheidenden Beitrag zu diesem vom Ayurveda geforderten Gleichgewichtszustand leisten.

Die *âsana-Lehre* des Yoga kennt ungefähr 700 bioenergetische (Akupressur-)Punkte, wobei jeder dieser Punkte die entscheidenden Verbindungen zwischen den einzelnen Teilen unseres Körpers herstellt. Die (Nerven-)Bahnen, in denen unsere Bioenergie fließt, nennen wir im Yoga *nadis*. Die drei wichtigsten lauten: *ida*, die links vom unteren Ende der Wirbelsäule ausgeht und am linken Nasenloch endet (analog zum weiblichen, mondartigen Aspekt); *pingala* geht rechts vom unteren Ende der Wirbelsäule aus und endet am rechten Nasenloch (analog zum solaren, männlichen Aspekt), und *sushuma*, die in Höhe des Steißbeins den Schnittpunkt zwischen den beiden erstgenannten vorher erwähnten *nadis* bildet.

Wir können aber noch einem anderen Energiefluss folgen. Er beginnt in der Nähe des Nabels, gleitet zum Perineum (Damm) hinab und die Wirbelsäule bis zum Kopf entlang hinauf, setzt sich an der Vorderseite durch die Zunge und den Hals fort und findet dann wieder zum Nabel zurück (kleiner Energiekreislauf). Je intensiver wir zur entspannten Ruhe gelangen, desto intensiver fließt die Energie. Je angespannter und verspannter, ja blockierter wir leben, desto mehr blockieren wir unseren bioenergetischen Fluss in den *nadis*; entsprechend fühlen wir uns auch blockiert.

Auf dem Weg vom Perineum zum Kopf können wir sehr gut spüren, wie die Energie mittels der *nadis* durch die wichtigsten Organe unseres Körpers hindurchfließt. Bei fortgesetzter Übung macht sich ein kreisender Energiewirbel um unser Hauptenergiezentrum, den Nabelbereich, bemerkbar. Das gilt für über dreißig solcher spürbaren Bahnen, wobei jede einem bestimmten Organ zuzuordnen ist. Unser *nadi*-System ist dabei so komplex angelegt, dass es die bioenergetischen Ströme, nicht zuletzt auch durch unsere eigenen Anstrengungen, ständig dorthin lenken kann, wo sie benötigt werden.

So können wir noch einen anderen Weg gleich mit verfolgen: Dieser (*yin*, weiblich) beginnt am *Perineum-Punkt* in der Mitte zwischen der Vagina bzw. der Peniswurzel und dem After, erstreckt sich entlang der vorderen Körperseite über das Schambein, die Bauchorgane, das Herz, den Hals und endet schließlich in der Zungenspitze. Der korrespondierende zweite *nadi*-Fluss (*yang*, männlich) nimmt denselben Ausgangspunkt über das Steißbein die Wirbelsäule hinauf bis ins Gehirn und wieder nach unten zum Gaumen. Hier wirkt die Zunge als Schalter, der die beiden Ströme verbindet.

Legen wir unsere Zunge hinter den Zähnen an unseren Gaumen, kann die Energie wie in einem geschlossenen Stromkreis die Wirbelsäule hoch- und an der Vorderseite unseres Körpers hinabfließen. Sie strömt dann durch die Hauptorgane und das Nervensystem und versorgt so die Zellen mit der Energie, die sie u. a. auch für ihr Wachstum brauchen.

Unser Leben begann mit der Vereinigung von Ei- und Samenzelle: *yin* und *yang* traten in ein Gleichgewicht ein. Erinnern wir uns an diesen Strom der schöpferischen Energie, die uns geboren hat, so wird uns jetzt auch jenes Gefühl des inneren Gleichgewichts mit der Welt bewusst, das durch jene Energie bestimmt wird, die u. a. in den Drüsen die Ausschüttung geschlechtlich stimulierender Hormone veranlasst, die unsere Körperchemie regulieren und letztlich auch unsere Handlungsfähigkeit bestimmen.

Die genannten Energiekreisläufe umfassen die Verzögerungen oder Nichtverzögerungen unseres Alterungsprozesses und nicht zuletzt auch die Heilung unzähliger Krankheiten: von Bluthochdruck und Schlaflosigkeit über Kopfschmerzen bis hin zur Arthritis.

Der Yoga und seine Basiswissenschaft, der Ayurveda, setzen eine gründliche Kenntnis des Systems der drei *doshas* bzw. *gunas* voraus, sowie die Kenntnis der entsprechenden Ernährungsrichtlinien für die verschiedenen Konstitutionstypen, aber auch die Kenntnis der zahlreichen Störungen im *dosha-System* und der daraus folgenden Erkrankungen und wiederum deren Heilungsmöglichkeiten. Hinzu tritt noch die ayurvedische Pflanzenheilkunde, die Kenntnis der Gewürze und der Stoffwechselschlacken und vor allem ihrer Beseitigung, und ich rate daher zunächst von autodidaktischen Maßnahmen ab.

Schon Yesudian wies darauf hin, dass der europäische Mensch nur äußerlich stark, innerlich aber oft genau das Gegenteil sei: unsicher, unglücklich, sich selbst kaum annehmend, aber mit seinem Wissen auftrumpfend. Daher ging es ihm auch weniger um die Korrektur einer äußeren Haltung, sondern um das Hervorrufen einer neuen inneren Haltung, die geeignet ist, auch zu einer neuen Lebenshaltung zu führen. Dieser wichtigen Einsicht in den Yoga folge auch ich.

Yesudian folgte dem *namarupa*-Prinzip, nach dem erst einmal der Name gerufen wird, so dass der Mensch sich auch in seiner äußeren Gestalt manifestieren kann. Es geht im Yoga also nicht so sehr um die vollendete äußere Körperhaltung, die *âsanas* (wenn sie auch exakt angelegt sein müssen!), als vielmehr um ein Ansprechen der tieferen Schichten in uns, um schließlich und endlich auch eine andere Stimmung, eine andere Befindlichkeit als bisher in uns hervorzurufen, die überhaupt eine durchgreifende Veränderung unserer Lebenshaltung bewirkt.

In diesem Zusammenhang ist auch die Stimme des/der Lehrers/Lehrerin wichtig. So wurden ursprünglich die Aussagen melodisch gesprochen, was voraussetzt, dass die Zentrierung auch der Unterrichtenden stets ein wesentliches Element der jeweiligen Lehrstunde ist. Mit anderen Worten: Die Durchlässigkeit der Lehrenden, die es dann den Übenden überlassen, die Impulse aufzugreifen und auf ihre Weise darin ihr Eigenes zu finden. Dabei ist das ›nachahmende Lernen‹ sicher nicht die schlechteste Art, sich auf den Weg zu machen, um sich aber eines Tages dann auch wieder davon zu lösen, um der eigenen Spur, dem eigenen »Genius in uns« (Marc Aurel), zu folgen.

Schon die alten Meister sprachen davon, dass die fiebrige Betriebsamkeit, das Lechzen nach unverstandenen Dingen und die unersättliche Gier nach Neuem und immer wieder Neuem die entscheidenden Ursachen der sinnlosen und irreführenden Gewohnheiten seien, die sich offenbar endlos fortsetzen wie ein sich unentwegt drehendes Wasserrad. Meister Huang long: Die Menschen haben trotz aller gegenteiligen Äußerungen einen extremen Drang zu den Gegenständen der Gewohnheit, aber nicht zur Umkehr.

Aufwachen

Wir liegen auf unserer Matte und fragen uns sicher des Öfteren, warum wir hier sind und wer derjenige eigentlich ist, der da liegt.

In der Beantwortung dieser Frage liegt der eigentliche Sinn unseres Daseins. Dass das so ist, hängt mit unserer Daseinsverfassung als freie und damit zugleich auch selbstverantwortliche Wesen zusammen, wobei beides auch gilt, wenn wir uns dieses Auftrags, nach dem Sinn unseres Lebens zu fragen, entledigen.

Wenn wir unserer Existenz nachgehen, dann nehmen wir erst einmal wahr, dass es gar nicht so leicht ist, uns für längere Zeit ruhig und still liegend auf diese Frage zu konzentrieren. Denn unentwegt kommen und gehen Gedanken, ja uns plagt möglicherweise eben gerade dies: das Affengeschwätz von Gedanken in unserem Kopf, das uns ständig von uns, wie wir gewöhnlich sagen, ›ablenkt‹.

Sobald wir aber genauer hinsehen, uns dieser Tatsache also bewusst werden, entdecken wir merkwürdigerweise zwischen unseren Gedanken, Vorstellungen und Bildern Lücken, die uns durchaus einen augenblickshaften Ein›blick‹ in die *Leere* geben, vor der sich wie auf einer Kinoleinwand unsere Gedanken ›abspielen‹.

Diese Leere bleibt. Sie kommt nie und sie geht auch nie, so dass wir auf diesem Wege die Erfahrung machen, dass die Leere stets den Hintergrund bildet, vor dem sich unsere Gedanken fortlaufend bewegen.

Wenn wir eingeatmet haben, stoßen wir auf eine Atempause; wenn wir ausatmen, wiederum auf eine Pause, die wir wahrnehmen können und auch unbedingt wahrnehmen müssen, um Zeuge dieses Ein›blicks‹, den uns die Pause gewährt, zu werden und zu bleiben. Deshalb betone ich die immer wieder so oft unterschätzte Wichtigkeit unserer Atmung.

Vielleicht verstehen wir erst jetzt, warum wir in dem, was wir tun, erst einmal langsamer werden müssen, was auch in unserem Alltag nicht von Nachteil ist, weil wir in dem Maße, in dem wir langsamer werden, auch aufmerksamer werden, so dass wir am Ende viel mehr ›schaffen‹ als vorher, als wir ständig nur uns selbst schafften!

Sobald wir langsamer werden, erfahren wir merkwürdigerweise wiederum diese Pausen in unseren Atembewegungen, diese Lücken, schließlich diese Leere, so dass die Gedanken, also dieses uns meist quälende Geschwätz, allmählich von ganz alleine seine Macht über uns verliert.

Wenn wir so daliegen, bemerken wir, dass wir auf wiederum sehr merkwürdige Weise Auge, Ohr und Nase zugleich sind, alles in einem. Wir machen schon nach wenigen Wochen die Erfahrung, dass wir gleichzeitig sehen und hören und fühlen und riechen und schmecken können.

Das war bisher nicht so. Bisher gaben wir stets einem ganz bestimmten Sinnesorgan den Vorzug und opferten ihm einen Großteil unserer Energie. Damit wurde bei uns auch eine ganz bestimmte Art der sinnlichen Wahrnehmung dominant, deren Ursachen in der Tat sozialisationsbedingt sind. In unserer Kultur sind vor allem die Augen wichtig geworden; zirka achtzig Prozent unserer Energie fließen ihnen zu. Die anderen Sinne müssen so notwendigerweise leiden, weil für sie nur rund zwanzig Prozent übrig bleiben. Darum nennen wir jemanden, der zur Wahrheit gelangt ist, einen großen ›Seher‹. Warum ein ›Seher‹? Wahrheit kann doch auch gehört, geschmeckt und gerochen werden.

Jeder Anfänger im Yoga muss daher erst einmal lernen, jedem Sinn die Freiheit zurückzugeben, damit alle Sinne zu einem Strom unserer Wahrnehmung und unserer Empfindsamkeit verschmelzen können.

Ein wirklich lebendiger Mensch lebt durch alle seine Sinne. Seine Wahrnehmungsfähigkeit ist so umfassend, dass ein solcher Mensch, der uns ›berührt‹, uns augenblicklich und ohne Vorbehalt auch seine Energie überträgt, was wir sofort spüren. Seine Energie hat gewissermaßen jetzt unsere noch schlafende Energie berührt, so dass etwas in uns aufsteigt, was offensichtlich für uns wichtig ist. Wenn ein solcher Mensch spricht, dann ist natürlich auch seine Stimme für uns bedeutsam, weil sie uneingeschränkt an unser Herz rührt und hier ›etwas‹ freisetzt, was wir schwerlich in Worte fassen können.

Aus eigener Erfahrung weiß ich, dass uns, wenn wir so daliegen, Ängste überfallen können. Wir werden ›kopf‹-los. Solange das aber nicht der Fall ist, solange immer noch unsere ›Vorstellungen‹ und ›Ideen‹, die sich in unserem Kopf bewegen, bestätigt werden, fühlen wir uns wohl und angstfrei. Sobald dies aber nicht mehr der Fall ist, geraten wir möglicherweise in Panik und werden vielleicht sogar anderen gegenüber aggressiv. Warum eigentlich?

Weil wir bisher nicht in unseren eigenen Spiegel geblickt, uns nicht wirklich mit uns selbst konfrontiert haben, wir bisher nicht wirklich aufgewacht sind, weil wir unser Leben bislang viel eher verschlafen haben und wir immer noch glauben, dass uns dieser Schlaf auch für den Rest unseres Lebens gut tun würde.

Solange wir nicht wirklich aufgewacht sind, sind und bleiben all unsere ›Vorstellungen‹ und ›Ideen‹ blasenartige Gebilde, Rauchwolken. Wir wissen nicht, um was es sich bei diesen Vorstellungen und Ideen eigentlich handelt, auch wenn wir ihnen in unserem Alltag brav Folge zu leisten versuchen.

Denn erst durch Bewusstheit, die wir im Yoga von einer Bewusstseinsebene zur nächsten anstreben und erreichen, erfahren unsere Vorstellungen bzw. Gedanken ihre Schärfe, wenn sie sich nicht gar vollständig auflösen, weil sie gegenstandslos geworden sind. Bis dahin stolpern wir von einer Dunkelheit in die nächste und lassen uns von diesen Vorstellungen, Bildern und Ideen weiterhin tyrannisieren.

In diesem Zusammenhang wird uns dann auch erst richtig bewusst, dass wir gar nicht der Mittelpunkt der Welt sind. Denn die Welt war schon da, bevor wir alle da waren. Und die Welt wird auch dann noch da sein, wenn wir schon längst nicht mehr ›da‹ sein werden.

Viele Menschen sind verstört, wenn sie erfahren, dass sie nicht der Mittelpunkt der Welt sind, dass diese Welt nicht auf sie gewartet hat und dass sie auch ohne sie existieren kann, ja dass jeder von uns, was das Leben in dieser Welt anbelangt, ein Anfänger ist und auch ein Anfänger bleiben wird.

Insbesondere den Anfänger im Yoga verunsichert die Erfahrung, dass er wirklich noch erschütterbar ist und dass ihm nun auch noch der Boden entzogen wird, auf dem er bislang so sicher zu stehen glaubte. Während er so daliegt, erfährt er, gerade wenn er sich der Frage aussetzt: wer er denn eigentlich ist, die Bodenlosigkeit seiner Existenz, so dass jede Vorstellung von einem ›Ich‹, auf das er sich bisher verlassen zu können glaubte, zur Erkenntnis einer folgenschweren Selbsttäuschung führt. Das ›Ich‹ bildet sich nämlich ein, dass es von allem anderen außer seinen eigenen Lebensbezügen getrennt sei – getrennt von den Bäumen, getrennt vom Himmel, getrennt vom Meer, von den anderen. Es merkt nicht, dass es ganz im Gegenteil auf millionenfache Weise mit allem verknüpft bzw. vernetzt ist.

So sind wir noch heute mit unseren Eltern und deren Eltern vernetzt. Wir sind mit der uns umgebenden Luft vernetzt, wenn nicht, müssen wir unweigerlich sterben. Wir sind mit jedem Sonnenstrahl vernetzt. Denn wenn die Sonne eines Tages vergessen würde, morgens aufzugehen, müssten wir sterben. Wir sind so auch auf das Wasser angewiesen, auf Nahrung, ökologisch also auch hier ›vernetzt‹, so dass der cartesianische ›Ich‹-Anspruch, allein diese ›Idee‹ schon lächerlich ist und sich nur so lange halten kann, wie wir uns dieses ›Ichs‹ nicht wirklich bewusst geworden sind. Dasselbe gilt im Übrigen auch von der Logik, wobei ich mir nichts Unlogischeres denken kann als die uns ständig angepriesene aristotelische Logik, so bewundernswert ich sie finde.

Der Witz ist, dass die Logik von außen betrachtet logisch erscheint, aber wenn wir über sie wirklich einmal nachdenken, überhaupt nicht logisch ist. Logik mag vielleicht noch in kleinen Dingen logisch sein; aber wenn es um die entscheidenden Dinge im Leben geht – etwa um die Frage, wer hier auf dieser Matte liegt –, erweist sie sich als das Unlogischste von der Welt! Sie taugt und dient dazu, kleine Lebensbereiche in etwa zu ordnen. Aber das Leben, in dem wir leben, ist weit größer als das beschränkte und beschränkende Gegenstandsgebiet der uns bislang vertrauten Logik.

Das wird jedem bewusst werden, der Yoga zu praktizieren beginnt. Denn in dem Maße, in dem wir uns auf den Yoga einlassen, wächst das Bewusstsein für die Wirklichkeit, in der wir leben, so dass sich all das, was nur Fiktion und Schein in diesem Leben ist, auflöst.

Der Yoga-Weg kann jedem eine neue Lebensperspektive eröffnen; er muss es nicht. Und er wird es nur, wenn wir uns ganz auf diesen Weg einlassen. Dann stellt das Leben im Grunde genommen auch kein wirkliches Problem mehr dar. Ein Problem bleibt es, wenn wir weiterhin an unserem Ego festhalten, so dass wir unsere wahre Individualität nicht wirklich erfahren können. Denn unser egozentrisches Denken stellt eine Fiktion dar, so dass wir auf diesem Wege keine Einsicht in das gewinnen können, was ist. Das, was wir unter dieser Perspektive bzw. »disziplinären Matrix« (Kuhn) als wirklich erkennen, bleibt immer durch das, was nur fiktiv ist, verborgen und verdeckt.

Doch sobald wir das zu durchschauen lernen, erfahren wir, was es heißt, *zu sein* bzw. aus unserer Mitte, aus unserem Zentrum heraus zu leben. Ich werde dann erstmals offen für das Leben in seiner ganzen Fülle und insbesondere für die Wirklichkeit, die nicht schon identisch ist mit der heute so intensiv beschworenen Realität. Das kann ich aber erst, wenn ich den innersten, unverfügbaren Kern meines Selbst in mir berührt habe, mir unmittelbar begegnet bin. So wie jeder Tag ein neuer Tag ist, so sind auch wir täglich ein neuer Mensch. Hannah Arendt sprach in diesem Zusammenhang davon, dass wir täglich wieder neu anfangen können. Darin sah sie das Mysterium des Lebens. Unser Zentrum ist immer neu und wird niemals alt, weil das Zentrum keine Zeit kennt, in diesem Sinne also ›zeit‹-los ist.

Unsere Einstellung dem Leben gegenüber ist heute immer noch in erster Linie geld- und machtorientiert. Menschen, die ständig hinter dem Geld her sind, werden über kurz oder lang zu destruktiven Wesen. Denn um Geld über das existenznotwendige Maß hinaus, muss man andere beharrlich und vorsätzlich betrügen. Nur indem man anderen viel wegnimmt, kann man selbst zu einem Vermögen kommen.

Macht zu erlangen bedeutet so gesehen, dass man erst einmal viele Menschen um sich herum entmachten, ja vielleicht auch vernichten muss, um selbst an die Macht zu kommen. Merkwürdig genug in diesem Zusammenhang: dass uns »die ganze Welt« zu Füßen liegen soll (was nur möglich ist, wenn wir Macht besitzen), anstatt dass wir erst einmal uns selbst kennen lernen. Letzteres ist das zentrale Ziel von Yoga.

Wir sollten im Bewusstsein unserer Freiheit und Verantwortlichkeit schließlich auch unseren Glauben aufgeben, dass unser Leben einem vorgefassten Plan folgt, einem Plan, den wir nicht selbst festgelegt haben; unser Leben läuft auch in diesem wissenschaftlich-technischen Zeitalter nicht deterministisch ab.

In dem Maße, in dem wir das begreifen, erfahren wir auch, dass weder das Leben noch wir selbst vorhersehbar sind; wir sind ständig ein Potential von Möglichkeiten. Viele Menschen wollen das nicht wahrhaben; sie fliehen vor sich selbst und damit vor ihrer Verantwortung, die sie

(a) gegenüber sich selbst haben und

(b) gegenüber ihren Mitmenschen bzw. der Gesellschaft, ohne die sie nicht eine einzige Minute lang leben könnten.

Uns stehen mit anderen Worten bei jedem Schritt, den wir tun, immer mehrere Türen zugleich offen. Es eröffnen sich stets neue Möglichkeiten, die aber erst dann zu einer wirklichen, eigenverantwortlichen Wahl werden, wenn wir aus unserer Mitte heraus zu wählen gelernt haben.

Daher ist es auch so wichtig, dass wir uns unserer Mitte immer wieder erinnern und aus ihr heraus leben. Wir verstehen und begreifen dann auch erst den multidimensionalen Reichtum der Möglichkeiten, die wir in einem Wort das Leben nennen, wobei es auf dieser Ebene weder einen Anfang noch ein Ende gibt. Alles geht ständig auf eine nicht berechenbare Weise auf neue Formen zu, um sie nach wenigen Sekunden und Minuten schon wieder zurückzunehmen, um neuen Formen Raum zu geben. Wenn wir nicht lernen, dass wir selbst in diesen Reichtum mit einbezogen sind und wenn wir uns aus dieser Fülle zurückziehen, indem wir nicht auf uns selbst zugehen, werden wir weiter in Angst und Schrecken leben und uns so um unser eigentliches Leben bringen.

Leider sind wir es immer selbst, die wir uns um unser Leben bringen, weil wir das Leben nicht für eine Sekunde so akzeptieren können, wie es wirklich ist. Wir Abendländer greifen geradezu manisch in die Natur ein und stellen an eben diese Natur manipulative Ansprüche, indem wir ihr vorschreiben, dass bald jeder des »ewigen Lebens« teilhaftig werden soll, was natürlich völlig absurd ist und auch jeder weiß.

Um den multidimensionalen Reichtum des Lebens also nicht nur intellektuell, sondern auch tatsächlich ›wahr‹-zunehmen, praktizieren wir Yoga. Wir erfahren dann erst einmal unseren Körper, d. h. die Stätte, in der wir wohnen. Wenn wir dann immer weiter auf uns zugehen, lösen wir uns schrittweise aus unseren bisherigen Identitätsvorstellungen, die uns möglicherweise bis heute nicht einmal Halt gaben. Uns wird dann bewusst:

1. Wir haben weder einen weiblichen noch einen männlichen Körper, wir haben beides mit einem Überschuss entweder weiblicher oder männlicher Anlagen.

2. Wir lösen uns von der Diktatur unseres eindimensionalen analytisch-technischen Verstandes.

3. Wir lösen uns von unseren religiösen Vorstellungen, Jude, Hindu, Moslem oder Christ zu sein.

4. Wir lösen uns von den Ideologien (Rechtfertigungsgründen), die uns von Kindheit an eingeredet wurden.

5. Wir lösen uns von den philosophischen und theologischen Richtungsstreitigkeiten, indem wir uns ab sofort nicht mehr an solchen Streitigkeiten beteiligen. Denn all diese Identifikationsschemata kultureller Art stellen nichts anderes als Begrenzungen dar, die uns unser eigenes Dasein nicht wirklich sehen lassen.

6. Geben wir auch noch unser Ego auf, so dass wir uns endgültig der Wirklichkeit des Lebens öffnen. Wir sind dann nur noch reines Gewahrsein, Beobachter, Zeuge.

In unserem Leben wird alles, was wir tun, durch unser analytisches Verstandesvermögen bewirkt. Alles, was wir erreichen, erreichen wir nur durch diese Fähigkeit; ohne diesen Verstand sind wir hilflos. Sobald wir ihn transzendieren, eröffnet sich uns eine Dimension, durch die nichts mehr zu tun und nichts mehr zu erreichen, nichts mehr zu gewinnen ist. Wo der analytische Verstand endet, beginnt mit anderen Worten Meditation.

Viele, die sich der Meditation zuwenden, glauben sich Techniken aneignen zu müssen, weil ihnen ihre bisherige Lebenserfahrung sagt, dass sie auch zum Meditieren nur ihren Verstand einsetzen müssten. Aber wenn sich auch noch so viel mit dem Verstand regeln lässt, meditieren können wir durch ihn nicht. Meditation kann nicht wie alles andere ›gemacht‹, auch nicht ›errungen‹, nicht ›hergestellt‹ und schon gar nicht technisch ›herbeigerufen‹ werden. Wie aber sollen wir uns dann auf sie einstellen, wenn wir uns still, mit aufgerichtetem Rücken und lockeren Schultern erst einmal hingesetzt haben?

Der erste Schritt besteht darin, sehr aufmerksam uns selbst zu beobachten, vorrangig erst einmal unseren Atem und unseren Körper, dann unser Denken und Nachdenken, unseren Geist. Wir werden uns jeder Geste und jeder Bewegung bewusst. Indem wir das über eine längere Zeit hin tun, tritt so etwas wie ein Wunder ein. Viele Dinge, die wir früher gedacht und getan haben, verschwinden von ganz allein aus unserem Lebenskreis. Unser Körper fühlt sich entspannter und ausgeglichener an – und ist es auch. Ruhe und Stille breitet sich in uns aus. Unsere Grundstimmung wandelt sich allmählich zum Positiven hin.

Das Gleiche geschieht auch mit unseren Gedanken, die – wenn wir genauer hinsehen – unterschiedliche ›Vorstellungen‹ widerspiegeln. Wir begreifen, dass wir uns unseres bisherigen Wahnsinns nicht wirklich bewusst waren. Unsere Gedanken laufen und laufen weiter; sie beeinflussen alles, was wir tun oder was wir nicht tun. Sie bestimmen schließlich, wie wir leben.

Wir brauchen jetzt jedoch nichts weiter zu tun, als uns dieser Tatsache bewusst zu werden. Denn das bloße Faktum, dass wir dieses Theater in uns beobachten, verändert die Situation schon im positiven Sinne. Mit der Zeit ordnen sich unsere Gedanken, das Chaos beginnt sich zu lichten. Stille tritt ein. Der Körper, die Seele, der Atem und unser Geist verschmelzen dann zu jener in sich stimmigen Einheit, die wir Einklang nennen. Dieser Einklang hilft uns, uns unserer Gefühle, Emotionen und Stimmungen bewusst zu werden, sie nur noch in unserem Spiegel zu sehen. Sobald dieser Punkt erreicht ist, geschieht das ›Vierte‹, wie es im Yoga heißt, das jedoch nicht mehr in unserer Macht steht. ›Es‹ stellt sich von selbst ein: Wir sind aufgewacht.

Verantwortung

Ich habe Disziplin als Voraussetzung für einen erfolgreichen Yoga betont. Und in der Tat: Die Entwicklung von Disziplin und Bewusstsein, über das bisherige Maß hinaus, sind absolute Grundvoraussetzungen.

Disziplin ohne Bewusstsein ist Gewalt, mehr noch: eine Vergewaltigung unserer Natur. Sie gibt uns keine Freiheit, sondern führt uns in eine noch größere Enge als bisher. Die Disziplin, die ich im Auge habe, entwickelt sich jedoch in dem Maße, in dem wir bewusster zu leben beginnen. Präziser formuliert: Disziplin ist für uns reines Gift, wenn sie aus einer blindgläubigen Haltung heraus eingehalten wird. Wir benötigen aber ein hohes Maß an Disziplin nicht nur während unserer Übungen, um den vom Yoga vorgezeichneten Weg gehen zu können, wir brauchen auch ein hohes Maß an Energie, um uns die neue, die yogische Lebensführung erschließen zu können.

Den Weg des Yoga zu gehen ist nicht leicht; das sollten vor allem Anfänger wissen. Denn sobald sie in ihren Anstrengungen nachlassen, fallen sie schnell wieder in ihre alten Lebensgewohnheiten zurück und die altbekannten Übel stellen sich sofort wieder ein.

Im Grunde müssen wir von Anfang an alles aufs Spiel setzen – was wir aber vermutlich nur tun werden, wenn unser Wunsch nach einer vollständigen Änderung unseres Lebens so stark geworden ist, dass wir uns selbst nicht mehr ausweichen können. Allein diese Intensität führt uns zu uns selbst. Das kann dann in einem einzigen Augenblick geschehen. Nur muss erst alles in uns auch dazu bereit sein; vorher geschieht nichts.

Das ist schwer, aber irgendwann muss jeder, der es ernst mit sich selbst meint, durch diese Schwierigkeiten bzw. Krisen hindurchgehen. Andernfalls ist alles umsonst. Ein lauwarmes, halbherziges Yoga ist reine Energie- und Zeitverschwendung. Vielleicht wird ein andermal der richtige Augenblick da sein, den Selbstfindungsprozess zu beginnen und fortzusetzen. Wir begreifen möglicherweise erst dann, dass der wahre Schatz, nach dem wir immer noch ›da draußen‹ suchen, in unserem Inneren liegt.

Mehr Disziplin und Bewusstheit über das bisherige Maß hinaus zu entwickeln ist jedoch nicht alles: Wir müssen eines Tages auch darüber noch einmal hinausgehen. Das ist aber auch wieder nicht so leicht wie man annehmen möchte, zumal sich der Yogalehrer an diesem Punkt in einer schwierigen Lage befindet: Erst muss er dem Schüler sagen, wie meditiert werden soll und ihn möglicherweise auch erst zur Meditation hinführen – was schon schwer genug ist, da der Neuling auf dem Yoga-Weg natürlich alle möglichen Widerstände entwickelt –, und dann fordert er ihn eines Tages auch noch auf, alles fallen zu lassen – was der Schüller dann natürlich auch wieder nicht will, weil er sich inzwischen daran gewöhnt hat!

Erst musste er auf den ›Weg‹ gebracht werden, später hängt er dann mit jeder Faser seines Lebens daran, wie an einer Leiter über einem Abgrund. Erst hatte er Angst, diese Leiter zu besteigen, dann aber ist er nicht mehr bereit, sie wieder zu verlassen. Eines Tages aber müssen wir alles hinter uns lassen, um weitergehen zu können.

Dies ist der Zeitpunkt, an dem wir nur noch aus uns selbst heraus existieren. Wir ›hacken Holz und holen Wasser vom Brunnen‹. Wir essen, wenn wir hungrig sind. Wir schlafen, wenn wir müde sind. Wir bewegen uns ganz normal: nicht mehr ›weltlich‹, nicht mehr ›unweltlich‹; nicht mehr ›materialistisch‹, nicht mehr ›idealistisch‹, nicht mehr ›religiös‹, nicht mehr ›areligiös‹, sondern ganz gewöhnlich und ganz unkompliziert und vor allem auch ganz unneurotisch. Wenn wir dann in dem Bewusstsein leben, dass wir im Grunde nur für ganz wenige Augenblicke recht merkwürdige Gäste auf diesem sehr schönen, aber doch auch sehr merkwürdigen Planeten sind und wir uns dessen ständig bewusst bleiben, kann man uns auch nicht mehr in ein vorgefertigtes Bild pressen. Wir sind dann über all jene Kategorisierungsversuche, wie sie vornehmlich die Anthropologie auf eine geradezu hinterhältige Weise betreibt, hinausgewachsen. Wir sind mit anderen Worten nicht mehr ›fassbar‹, wir sind frei.

Wir reden häufig von einer ›inneren Stimme‹, auf die wir hören sollten, wenn wir nicht etwas völlig Widersinniges tun wollen. Diese innere Stimme nennen wir gewöhnlich unser Gewissen. Aber – und darin liegt das Missverständnis – diese innere Stimme, auf die es auf dem Yoga-Weg ankommt, ist gar keine Stimme: Sie ist Stille.
    Diese Stille ›sagt‹ uns nichts. Sie zeigt uns dafür jedoch etwas; sie gibt uns Hinweise. Dagegen stellt die so genannte innere Stimme gar keine Stille dar; der Ausdruck stimmt hier nicht. Innen in uns ist, wenn wir nur konsequent genug auf uns zugehen, Stille; die Stimmen, von denen hier gewöhnlich die Rede ist, kommen aber von außen; sie sind, so lehrt uns Freud, Ausdruck unserer gesellschaftlichen Prägung. Mit anderen Worten: Es ist die Gesellschaft, die uns in einer ganz bestimmten Weise sozialisiert hat und die unentwegt aus uns spricht!
    Obwohl diese Stimme von innen heraus zu uns spricht, ist sie wiederum nichts ›Inneres‹. Wenn sie uns nicht anerzogen worden wäre, man sie uns also nicht ›beigebracht‹ hätte, wäre sie überhaupt nicht da. Wir sprechen daher mit Freud vom so genannten ›Über-Ich‹, vom sozialen Gewissen, wobei es eben

die Gesellschaft ist, die uns über diese ›Stimme‹ eine innere Ordnung ›eingebaut‹ hat, weil sie sich nur so der äußeren vergewissern kann.

Es existiert zwar eine Polizei, aber die Polizei kann immer noch getäuscht werden. Es gibt zwar hohe Gerichte, aber es hat sich erwiesen, dass das nicht ausreicht. Denn wir könnten möglicherweise schlauer sein als alle Gerichte zusammen genommen! Die äußere Kontrolle reicht nicht aus, eine ›innere‹ ist nach Freud also notwendig. So sagt uns die Gesellschaft unter anderem, was ›gut‹ und was ›schlecht‹ ist, was wir tun und was wir nicht tun sollen: Immerzu gepredigt und immerzu wiederholt, dringen diese Gebote und Verbote in uns ein und werden so Teil unserer von Widersprüchen heimgesuchten Innenwelt. Am Ende glauben wir sogar, Gott hätte zu uns gesprochen, was natürlich völliger Unsinn ist.

Was wir – abgesehen von dieser uns ›eingebauten‹ Stimme – ›hören‹ bzw. ›vernehmen‹, sind wieder die Pausen, die Lücken, die Stille, mit anderen Worten: das innere Schweigen. Und dieses innere Schweigen ergreift in der Meditation, wenn wir uns wirklich in uns versenken, Besitz von uns, wobei in diesem Schweigen alles ›richtig‹ ist, was wir denken und tun. Sich dieses Schweigens, dieser Stille bewusst zu werden: Beides ständig anwesend sein zu lassen, das ist dann jene meditative Existenz, die zwar auch jetzt, in diesem »Welttheater« (F. Kafka) lebt, sich aber nicht mehr weiter mit diesem identifiziert.

Der Yogi lebt aus dieser in der Meditation gewonnenen Stille heraus in völligem Schweigen in dieser Welt, in der er auch weiterhin seine Pflichten und Verantwortlichkeiten – auch die politischen – wahrnimmt. Aber er taucht – ein anderes Wort für Identifikation – in diese wissenschaftlich-technische Welt, die ihn völlig deformiert hat, nicht mehr so ein, dass er sich eines Tages selbst nicht mehr wiedererkennt.

Das neurotische Elend, in dem wir heute leben, besteht darin, dass wir aufgrund ganz bestimmter Einflüsterungen ständig jemand anders sein möchten. Das ist die Falle, in der wir eigentlich stecken; sie ist unser Unglück. Jeder von uns versucht, ständig jemand anders zu sein. Die Folge ist: Wir entfernen uns immer weiter von uns selbst und vor allem voneinander und von der Welt. Diese Entfernung bzw. Entfremdung kommt von unserem ständigen Wunsch, dieses oder jenes noch ›haben‹ zu wollen, nur nicht uns selbst. Wie wir uns dabei auch drehen und wenden: Wir können uns selbst jedoch nicht ausweichen; wir können nur wir selbst sein. Daran führt kein Weg vorbei. Alle anderen Wege führen in die Irre, in die Illusion, in die Selbsttäuschung, mit anderen Worten, von uns und der Wirklichkeit, in der wir leben, weg.

Haben wir das erkannt – und zu dieser Einsicht kommt es auf dem Yoga-Weg –, ist auch die folgende gewonnen: Wir fühlen uns allmählich sowohl physisch als auch psychisch und geistig entblockiert. Denn die Blockaden und Verspannungen, die uns häufig den Yoga-Weg einschlagen lassen, existieren nur deshalb, weil immer noch der tief in uns sitzende Wunsch existiert, ganz anders sein zu wollen.

Diese Blockaden und Verspannungen sind häufig schmerzhaft, weil die Lebensenergie in uns vor undenklichen Zeiten eingefroren wurde – also nicht mehr wirklich frei fließen kann. Denn Energie kennt nur eine Richtung, in der sie strömt: ihre natürliche, gänzlich unblockierte Strömung, die, wenn wir sie erstmals wahrnehmen, uns sofort in einen ungeheuren Glückszustand versetzt. Mit anderen Worten: Eine Rose kann keine Lotus-Blume sein. Wäre sie das, entfernte sie sich von sich selbst, bis sie sich eines Tages nur noch selbst verdammen würde. Wie aber können wir auch je wirklich er›wachsen‹ werden, wenn wir uns selbst ständig verdammen? Unsere Energie wird dann nicht mehr frei fließen, wir geraten aus dem Gleichgewicht, werden krank und häufen um uns und in uns Probleme an, denen wir nicht mehr wirklich ›Herr‹ (!) werden und denen wir nicht mehr gewachsen sind, so dass wir letztendlich einen Arzt aufsuchen müssen.

Wenn aber die Rose erst einmal begriffen hat, dass es für sie nur die eine Möglichkeit gibt, Rose zu sein, dass sie also gar keine Lotus-Blume zu sein braucht, ja dass es ganz wunderbar ist, eine Rose zu sein, wenn sich die Rose also erst einmal akzeptiert hat, so dass die neurotische Selbstverdammung verschwindet, kehrt auch ihre Anmut und Würde wieder zu ihr zurück, so dass auch die Selbstvereisungen verschwinden; wir ›tauen‹, wie es so schön heißt, sofort ›wieder auf‹.

Rosen – das wissen wir – sind nicht neurotisch, sie lachen uns ständig an. Dasselbe gilt auch für die Affen, denen wir uns aus guten Gründen verwandt fühlen. Auch sie lachen uns ständig an oder aus, sind wir doch die einzigen Wesen, die sogar in ihre Neurosen so verliebt sind, dass sie sorgsam gepflegt werden.

Neurosen entstehen, wenn wir versuchen, etwas Unnatürliches mit uns anzustellen oder anstellen lassen. Besitzen wir erst einmal ein ›Ideal‹ – und solche Ideale stellt die Gesellschaft uns en masse ständig zur Verfügung –, nimmt unser Leben neurotische Züge an. Daher ist es besser, wir lassen alle derartigen Ideale, wie wir sein sollten, endlich fallen. Solche Ideale sind Gift und bleiben dies auch dann noch, wenn sie yogisch verpackt werden. Leben wir aus uns selbst heraus, dann entgehen wir ihren Gefahren.

Auf dem Yoga-Weg gibt es daher auch keine Vorbilder, denen wir zu folgen und die wir nachzuahmen hätten. Ganz im Gegenteil: Die Zen-Meister, die auf ihre Art den Yoga-Weg gehen, betonen immer wieder: »Sollte Dir Buddha begegnen, töte ihn! Und wenn Du den Namen Buddhas aussprichst, spül Dir danach sofort wieder den Mund aus!« Du kannst nur Du selbst sein; Nachahmungen sind nicht erlaubt. Andernfalls wirst Du zu etwas Falschem und bleibst zeitlebens eine Attrappe.

Im Yoga, der sich auf die ›Lehre vom Leben‹, auf den Ayurveda, bezieht, geht es vordringlich darum, bei dem Einzelnen von uns das Gewahrsein bzw. -werden der eigenen Natur schrittweise zu wecken, was insoweit heute dringlicher denn je ist, als wir in unserer inzwischen internalisierten Sozialisation festsitzen, in vielerlei Hinsicht ›verstopft‹ und ›verstockt‹ sind. Dabei kommt es gar nicht so sehr darauf an, den Yoga-Aspiranten die Erfahrungen des/der Yogalehrers/in aufzuzwingen. Worauf es ankommt: dass der Schüler ständig auf seine Erfahrungen gestoßen wird, was häufig nur dadurch möglich ist, dass er im wahrsten Sinne des Wortes ›aus der Fassung‹, aus der gegenwärtigen ›Verfasstheit‹ gebracht wird, der Yogalehrer ihn ›stört‹ und ihm jene ›Gewohnheiten‹ bewusst macht, die den Schüler daran hindern, sich weiter entwickeln zu können.

Es geht auch jetzt darum, den Schüler zu veranlassen, wesentlich wahrnehmungsfähiger, wesentlich offener als bisher für neue Erfahrungen zu werden, indem wir Yoga wirklich praktizieren und es nicht nur beim Gerede über Yoga belassen. Yoga ist insofern als Lehre einer umfassenden Bewusstseinserweiterung über das bisherige eindimensionale Bewusstsein hinaus zu begreifen, was erst einmal nur durch eine intensive Wahrnehmungserweiterung – durch die Praktizierung von *âsanas* und *pranayamas* –, also durch eine Erweiterung unserer leiblichen Existenz erfolgen kann.

Das ist natürlich ein anderer Weg als der, der uns vom neuzeitlichen instrumentellen Denken bisher anempfohlen wurde und immer noch anempfohlen wird, von jenem Denken, dem es um eine weitere Eroberung der wissenschaftlich-technisch vorgestellten Welt geht, in der alles und jedes vordergründig verbildlicht wird, so dass die eigentliche Lebenswelt gar nicht mehr wahrgenommen werden kann. Solches Machtstreben bedeutet nicht nur Gewalt nach außen, sondern vor allem gegen sich selbst auszuüben. Die Welt so zu verstehen, bedeutet: sie als »Betrieb«, wie Adorno sagte, sie als einen »Apparat«, wie Max Weber sagte, zu verstehen; Heidegger sprach in diesem Zusammenhang von einem »Gestell«, mit dem wir uns unaufhörlich abmühen würden. In diesem Welt- und Wirklichkeitsverständnis zeigt sich ein sich ständig überschätzendes Ich-Subjekt, das sich die Welt ›da draußen‹ endgültig ›untertan‹ machen will, obwohl wir doch alle wissen, dass dieser Wille trotz aller bewundernswerten Taten den Niedergang, die fortgesetzte Vernichtung allen Lebens auf diesem Planeten betreibt.

Entgegen einer solchen ›Weltsicht‹, einer solchen ›Weltanschauung‹, setzt sich der Yoga von diesem heute angeblich noch allmächtigen Herrschafts-Subjekt ab, das sich die Welt immer noch wissenschaftlich-technisch aneignen will, indem es sich selbst und die Welt einbehalten weiß in einer Konstellation, in der uns Menschen das unverfügbare n-dimensionale Leben im Grunde ›anvertraut‹ ist. Ich denke, dass Albert Schweitzer genau das meinte, wenn er von der »Ehrfurcht vor dem Leben« sprach.

Uns ist das Leben, die Schöpfung anvertraut, wobei wir uns in erster Linie einmal selbst anvertraut sind. Uns ist zweitens der Mitmensch anvertraut, so dass wir uns zu Recht als Hüter bzw. als Wächter des Seins, wie Heidegger formulierte, verstehen sollten, und nicht als unumschränkte Herrscher über das Sein, mithin über das Leben.

Diese entscheidende Umkehr können wir aber nur dann wirklich ernsthaft vollziehen, wenn wir erst einmal uns selbst wieder ernst nehmen, indem wir fragen, wer wir denn selbst eigentlich sind, die hier jetzt Yoga praktizieren.

Ein solcher Weg der radikalen Selbstkonfrontation ist der Yoga-Weg, der uns, wenn er denn beschritten wird, auch erst die Welt, in der wir leben, in einem gänzlich neuen Licht erscheinen lässt.

Die heute viel zitierte Postmoderne stellt ein System in Frage, das absolute Werte, metaphysische Letztbegründungen und permanent selbstidentische, also paranoide Subjekte braucht. Gegen diese Auffassung mobilisiert die Postmoderne oder, wie Ulrich Beck sie nennt, die »Zweite Moderne« heute Multiplizität, Nichtidentität, permanente Überschreitungen noch bestehender Grenzen, Unbegründbarkeit – was das Leben, die Wirklichkeit, die Geschichte, die Zeit etc. anbelangt und einen kulturellen Relativismus, der vornehmlich die Bedingtheit aller vorhandenen Ansprüche der wissenschaftlich-technischen Welt begreift.

Aus dieser Sicht befinden wir uns insgesamt gesehen heute auf einem gar nicht so schlechten Weg, wenn wir uns, ja wenn wir uns nur entschlossen genug in eigener Verantwortung endlich auf den Weg machen würden.

Erkenne dich selbst

Wir haben eine Zivilisation geschaffen, in der es keine echten Gerüche mehr gibt, in der wir uns nicht mehr in die Augen sehen, in der wir nicht mehr auf Töne und Geräusche zu hören in der Lage sind und in der wir uns nur noch zufällig berühren. Yoga hilft uns, was keine Einzelwissenschaft wie etwa die analytische Psychologie bewirken kann: wieder lebendig, wieder sensibel, wieder ›jung‹ zu werden und unsere Sinne in ihrer maximalen Funktionstüchtigkeit zurückzugewinnen, ja erstmals wieder wirklich zu leben beginnen.

Die Körperhaltungen *(âsanas)*, die wir im Yoga üben, sind auch dazu da, um alle möglichen in unserem Körper angesammelten Gifte auszuscheiden. Durch diese Übungen werden sie freigesetzt, so dass sie uns auch nicht mehr länger belasten. Wir werden auf natürliche Weise so auch wieder beweglicher. Wenn dies eintritt, sind wir auf eine andere Art als etwa ein Sportler ›stark‹. Unser Körper verliert dadurch, dass er jetzt fließender wird, allmählich auch seine bisherigen Blockaden, die uns von unserem eigenen Rhythmus, bedingt durch die Sozialisationspraktiken unserer Erziehung, abgeschnitten haben.

Jeder von uns trägt, was man heute gut beobachten kann, eine Menge Müll in seinem Bauch mit herum. Der Bauch ist neben den Hohlräumen unseres Schultergürtels und unseres Beckens der geradezu ideale Raum, nicht nur unsere Abfallnahrung, sondern auch all unsere unterdrückten Probleme aufzunehmen: Liebe, Sexualität, Wut, Traurigkeit, das Weinen und das Lachen, das viele in sich schon längst erstickt haben. Die Folge ist, dass wir nicht mehr wirklich durchatmen können; wir atmen stattdessen nur noch flach. Wenn wir aber wirklich wieder atmen lernen wollen, kann die Energie aus diesen verdrängten Wunden wieder frei werden – doch davor haben wir verständlicherweise Angst.

Bei der Geburt atmet jedes Kind in den Bauch. Der Bauch bewegt sich auf und ab. Es ist noch völlig unbelastet, es hat noch nichts unterdrückt. Noch ist der Bauch leer. Sobald er aber erst einmal mit Müll angefüllt ist, also die sozialisationsbedingte Unterdrückung stattgefunden hat, erfolgt eine Spaltung des Bauches in Ober- und Unterbauch. Wir sind dann nicht mehr mit uns eins.

Der untere Bauch wird abgelehnt, unser Sein ist gespalten und die Anmut des Kindes verloren gegangen. Wir haben von nun an nur noch zwei Körper statt einen. Zwischen den beiden entsteht ein kaum mehr überbrückbarer Abstand, wenn nicht gar Abgrund. Von nun an schleppen wir unsere Beine nur noch durch die Gegend; sie tragen uns nicht mehr. Wir sind es jetzt, die unsere Beine tragen – mit all den orthopädischen Problemen, die in der Wirbelsäule ›auftreten‹. Die meisten empfinden sich folgerichtig dann auch nur noch als Last und können mit sich selbst auch nichts mehr anfangen.

Wir können es nicht mehr genießen, einfach nur zu gehen, zu schwimmen, zu laufen, uns nicht mehr in Liebe vereinigen, weil durch uns mehrere Risse gehen. Alle diese aufgeführten Bewegungen aber verlangen – damit sie uns Freude und Spaß machen –, dass wir wieder ganz werden. Dazu muss der Bauch ›gereinigt‹ und die Gifte müssen ›verbrannt‹ werden, was – neben dem einen oder anderen ayurvedischen Hilfsmittel – vorrangig durch den Atem geschieht.

Wenn wir tief einatmen und tief ausatmen, lässt der Bauch alles los, was er bisher festgehalten hat. Beim Ausatmen entspannt er sich. Es stellt sich die natürliche Peristaltik wieder ein, so dass sich auch in dieser Hinsicht der Bauch frei zu bewegen beginnt. Im Übrigen: Weniger Nahrung verlängert das Leben, mehr Nahrung verkürzt es, so dass eine oder zwei Mahlzeiten pro Tag vollkommen ausreichen, da sonst das Verdauungssystem ständig überlastet wird – was ohne Zweifel eine Reduzierung der Lebensdauer zur Folge hat. Die westliche Medizin wird aber die Vielfresser nicht sterben lassen. Sie lässt sie aber auch nicht leben. Sie lässt sie eher dahinvegetieren, statt die Menschen nachdrücklich hierüber aufzuklären.

Wenn ich immer wieder von ›leiben‹ spreche, dann will ich damit zum Ausdruck bringen, dass Körper, Psyche und Geist lediglich Aspekte desselben Phänomens darstellen und eben nicht voneinander getrennt betrachtet werden dürfen. Was Yoga, der insofern in einer Phänomenologie der Leiblichkeit gründet, daher in Gang setzt, ist, dass wir wieder natürlicher und beweglicher zu leben beginnen, so dass unsere jetzige unnatürliche Verhaltensweise, die inzwischen zu unserer natürlichen geworden ist, von alleine von uns abfällt.

Neue Energien steigen in uns auf und neue Dimensionen eröffnen sich: Voraussetzungen, die es uns erst jetzt ermöglichen, von einer Bewusstseinsebene zur nächst höheren transzendieren zu können. Dabei versucht die schon mehrfach zitierte Psychoanalyse unsere spezifischen Verhaltensmuster, die unsere Lebensweise bestimmen, besser als bislang zu verstehen; aber sie kann uns nicht helfen, sie wirklich ein für alle Mal loszuwerden. Wir verstehen durch sie zwar wesentlich mehr als bisher, aber unsere Probleme bleiben dieselben.

Deshalb hängen auch so viele von uns ihr Leben lang am viel zitierten ›Tropf‹ der Psychoanalyse. Wir können ganz sicher zum Beispiel unsere Eifersüchte besser als bisher verstehen, unsere Wut, unseren Hass, unsere Habsucht und unseren Ehrgeiz. Aber dieses Verständnis, das wir durch Freud, Adler und Jung – vermittelt durch Bücher und Therapeuten – und durch viele andere Schulen gewonnen haben, bleibt letzten Endes doch wieder nur rein intellektuell: auf eine ganz bestimmte Bewusstseinsebene beschränkt.

Da nützt es gar nichts, dass sich Psychologen vor lauter Verlegenheit im ›Osten‹ umsehen und heute ›Mystisches‹ in ihre Therapie zu integrieren versuchen. Im Grunde genommen betreiben sie dabei Etikettenschwindel. Weder sie selbst noch ihre Patienten, ihre Leidensgenossen haben Klarheit gewonnen. Was uns hilft, ist – und dagegen ist natürlich nichts einzuwenden –, dass wir endlich einmal einen Menschen finden, der uns zuhört. Das ist in der Tat heute schon viel und sollte daher auch nicht unterschätzt werden.

Dabei ist die Situation von gestern aber mit der von heute nicht zu vergleichen. Wenn wir uns aus der Gegenwart heraus die Vergangenheit vergegenwärtigen, die wir im Grunde, was Max Frisch gezeigt hat, täglich auch erst wieder neu erfinden, dann sind wir auch nicht in der Lage, im Hier und Jetzt wirklich zu leben, in dieser Gegenwart, so dass wir ständig dabei sind, uns selbst wieder in die Vergangenheit zurückzubewegen; wir können dann auch nicht wirklich im Hier und Jetzt ankommen. Das ist der eigentliche Grund des Misserfolgs aller dieser Therapieformen. Wir erkennen die Situation, in der wir uns hier und jetzt befinden, nicht wirklich, sondern sind ständig nur mit unseren Reaktionen darauf beschäftigt, so dass wir, wenn wir es nicht schon waren, blind sind und auch bleiben, vielleicht auch erst werden. Die Folge ist: Unsere Traumtänzereien gehen ungeschmälert weiter, nur dass wir sie jetzt u. a. mit den Erkenntnissen Jungs noch gut ausstatten können.

So verlegen wir – gerade durch C. G. Jung nachdrücklich unterstützt – unsere Realität gerne in mythologische Ebenen und vergessen dabei, dass es sich bei Jung doch auch nur um Konstrukte einer sich wissenschaftlich verstehenden Psychologie handelt, die möglicherweise mit uns selbst überhaupt nichts zu tun hat, der wir uns aber hingeben und von der wir Antworten auf unsere Fragen erwarten, die die Psychologie, die ihrerseits unter ganz bestimmten Voraussetzungen steht und fällt, überhaupt nicht geben kann.

Mir fällt immer wieder auf, dass viele psychologisch ›Behandelte‹ wohl therapiegesättigt sind, dass sich aber an ihrer Lebensweise überhaupt nichts wirklich verändert hat. Sie wurden getröstet, um dann doch eines Tages wieder trostlos von anderen Psychologen weiter vertröstet zu werden ... Und gegen diese Selbsttäuschung setzt sich der Yoga entschieden zur Wehr.

Wir wurden alle dazu erzogen, die Welt zu analysieren und zu erklären und auf diese Weise zu einer ungeheuren geistigen Gymnastik befähigt. Was wir aber nicht gelernt haben, ist aufzuwachen, um uns selbst zu begegnen. Das Verlangen dazu ist da, weil wir täglich unsere Unerfülltheit spüren. Aber dann kommen die Psychologen und füllen diese Leere sofort wieder aus, obwohl gerade diese Leere die entscheidende Chance böte, Erfüllung zu finden. Was früher »Frauen am Brunnen« (Hamsun) miteinander besprachen oder auch nicht, wird in der steinigen Wüstenlandschaft unserer Tage in der ›Gesprächstherapie‹ besprochen, wobei der Therapeut seinerseits dann wieder die ›Supervision‹ bemüht, um dort seine ›Fälle‹ zu besprechen. Häufig tut er in seiner Routine nicht einmal mehr dies, sondern resigniert, so wie Freud selbst gegenüber den Ansprüchen seiner Therapie resignierte.

Im Zen heißt es: Bevor der Mensch erleuchtet wird, sind Flüsse Flüsse und Berge Berge. Doch wenn der Mensch zum Suchenden wird, sind Flüsse schon keine Flüsse und Berge schon keine Berge mehr. Alles wird zum Chaos. Aber wenn der Mensch schließlich aufgewacht ist, sind Flüsse wieder Flüsse und Berge wieder Berge.

Das heißt: Ein wach gewordener Mensch lebt so wie jeder gewöhnliche Mensch. Er isst, wenn er Hunger hat; er schläft, wenn er müde ist. Nur dass die Art des Seins, die Qualität seines Seins sich für ihn inzwischen vollständig verändert hat.

Sein Geist, sein Denken ist jetzt offen, frei. Er blickt wie jeder andere jetzt nach außen, aber er bleibt in sich zentriert. Er engagiert sich auch jetzt in dieser Welt, in dieser Gesellschaft. Aber diese Welt dringt jetzt nicht mehr in der Weise in ihn hinein wie bisher, indem sie ihn unentwegt in Atem hält. Er gerät mit anderen Worten jetzt nicht mehr durch sie aus seinem inneren Gleichgewicht. Er trägt jetzt eine Differenz aus, die sich einmal aus dem Faktum ergibt, dass er in dieser Welt mit ihren Strukturen und zum anderen aus eigenem, unverwechselbaren Ursprung (als Individuum) existiert, so dass sich für ihn jetzt die Situation ergibt, dass er weder losgelöst noch gebunden ist.

Ist dieser Durchbruch erst einmal erfolgt, nimmt er die Schönheit dieser Welt, die in ihrem Geheimnis liegt, erst wirklich wahr. Er begreift, dass wann immer er ›Gott‹ irgendwo anders sucht als in sich selbst, er sich vorschreiben lässt, was er zu glauben oder nicht zu glauben hat; er hört in der Tat nicht mehr wirklich auf sich selbst. Sobald er das aber tut – und zwar ohne Einschränkungen –, spürt er sofort wieder jene Offene Weite, in der keine Wolken, keine Gedanken mehr seinen Geist trüben. Er begreift: Nur in Freiheit, also in Offenheit, kann erst das Leben gelebt werden.

Wir können wirklich leben, also sein, indem wir geben, teilen und lieben, oder wir können nicht wirklich leben, also nicht sein, indem wir wegnehmen, ausbeuten und anhäufen.

Dabei kann sich Liebe nur spontan ereignen; in ihr liegt der eigentliche Grund unseres Menschseins. In ihr liegt kein vorgezeichneter Weg. Wir können sie nicht ›antrainieren‹. Liebe setzt schon immer meine Freiheit und die Freiheit des anderen oder der anderen voraus. Sobald hier Zwang herrscht, kommt es schon im frühkindlichen Alter zu Täuschungen, zu Maschen und zu tief sitzenden Verlogenheiten, die dann unser ganzes Leben beherrschen. Wenn Liebe in diesem Sinne unecht wird, das hat Freud überzeugend dargestellt, wird merkwürdigerweise sofort Geld als Ersatz wichtig. Liebe gibt uns die entscheidende innere Sicherheit; wir brauchen dann keine anderen Sicherheiten mehr. Wir fühlen uns dann absolut geschützt. Liebe, das sagen wir ja auch im Alltag, genügt sich selbst. Liebe bedeutet Reichtum; ja ein einziger Augenblick der Liebe – und unser ganzes Leben hat sich verändert und erfüllt. Wenn das nicht der Fall ist, suchen wir ständig anderswo Sicherheit zu gewinnen, vorrangig im Geld und in der Macht.

Wenn wir lieben, haben wir seltsamerweise auch nie Angst vor unserem Tod; wir haben ihn akzeptiert. Denn wir wissen jetzt, was es heißt, mit der Schöpfung eins zu werden.

Wenn wir sie aber nie erfahren haben – ganz sicher der furchtbarste Schicksalsschlag, der uns treffen kann – rücken unsere Ängste in den Mittelpunkt unseres Lebens. Wir sind dann dem Leben schutzlos ausgeliefert: heimatlos. Wir ergreifen dann weitere Schutzmaßnahmen gegen den Tod, wobei Angst vor dem Tod zu haben immer noch bedeutet, Angst vor dem Leben zu haben. Denn wirklich zu leben heißt nun einmal: auf unbekannten Pfaden, zu denen selbstverständlich auch der Tod gehört, zu gehen.

Wir brauchen eine menschenwürdige Unterkunft, Nahrung, Geld, Kleidung. Das allein reicht jedoch nicht aus. Als Menschen brauchen wir auch Zeit und Raum für die Erforschung der Frage, wer wir selbst eigentlich sind, die in diese mehr als merkwürdige Welt hineingeboren wurden.

Dabei erweist sich der Yoga als ein bedeutsames ›Fahrzeug‹, um sich dieser zentralen Frage – unabhängig von allen möglichen, häufig gut gemeinten Appellen – stellen zu können. Mittel- und Höhepunkt des Yogas stellt ohne jeden Zweifel die Meditation dar. Sie öffnet uns nicht nur für das eigene Selbst, die eigene Wahrheit, sondern auch für die Wirklichkeit der Welt, in der wir leben. Denn solange wir nicht wirklich wissen, worum es in diesem Leben eigentlich geht, leben wir vergeblich. Solange wir die Geheimnisse des Lebens nicht begriffen haben, bleibt es für uns auf erschreckende Weise leer. Wir wurden dann zwar geboren und wurden doch nicht wirklich geboren; wir leben und sind zu Lebzeiten aber doch schon tot. Erst wenn wir begriffen haben, um was es eigentlich in dieser Aufforderung geht: ›Erkenne Dich selbst‹, erst wenn wir unser eigenes Gesicht wirklich entdeckt haben, werden wir geboren, werden wir erwachsen, werden wir mündig, haben wir uns selbst gefunden, vorher nicht.

Lassen wir uns auf den Yoga in diesem Sinne ein, dann eröffnen sich vorrangig zwei Möglichkeiten: Entweder wir bewegen uns jetzt ausschließlich im uns vorgegebenen Spannungsbogen der dreidimensionalen Zeit, dann bewegen wir uns horizontal, linear, oder wir bewegen uns aus eben dieser Zeit heraus, also vertikal auf die eigene Wahrheit zu.

›Ich bin nicht der Körper‹, lehrt Zen, das ist aber erst der Anfang, ich halte mich lediglich in ihm auf, ich bin ein Gast in diesem Körper, in dieser Stadt.
   ›Ich bin‹, lehrt Zen auch, ›nicht meine Gefühle – sie wandern wie Wolken an mir vorüber‹; und ›Ich bin auch nicht der Verstand‹; dieser ist nur mein Diener.
   Mit dem dann folgenden vierten, ganz entscheidenden Schritt ist die ›Reise‹ vorbei, denn mit ihm entdecken wir unser Sein, wiederum jene kreative Offene Weite, die, wenn sie

einmal erreicht ist, uns nicht mehr in ein Gefängnis einsperren kann. Wir begreifen dann, dass dies die einzige Erfahrung ist, die sich wirklich lohnt. Alles andere war und ist reine Zeitverschwendung.

Wenn für uns in tiefer Stille diese Klarheit entsteht, wenn wir uns in Meditation unbewölkt sehen können, wenn der ganze Rand der unerfüllbaren Wünsche und Gedanken verschwunden ist, wenn, um weiter in der Zen-Sprache zu sprechen, der Spiegel absolut staubfrei geworden ist und nur noch das reflektiert, was ist, dann erfahren wir unser wahres Sein – vorher nicht. Wir erfahren dann: Wir sind nicht, was wir zu sein schienen.

Jeder trägt seine Wahrheit mit sich, aber nur wenige Menschen dringen bis zu ihrem eigenen Zentrum, zu ihrer eigenen Wahrheit vor. Die meisten Menschen laufen ständig wie in einem Laufrad in der Peripherie herum und vergreisen schon aufgrund extremer physischer Anstrengungen dabei vorzeitig. Sie bleiben unglücklich und leben ihr Unglücklichsein. Sie leben ihre Qualen, ihren vorzeitigen Tod, ihre Ängste, ihre Gier – wonach? Ihre Wahrheit würde sie von diesen Problemen befreien; aber häufig sind sie nicht bereit, sich auf sie einzulassen.

Bevor wir auf diese wichtigste Erfahrung in unserem Leben stoßen, bleibt uns dieses Leben ein Rätsel. Wir fragen uns dann immer wieder, warum wir eigentlich hier auf diesem bemerkenswerten Planeten zeitgebunden, d. h. befristet leben und dieses Leben in totaler Bewusstlosigkeit verbringen. Aber ich denke, wir haben insoweit auf die Herausforderung unserer Wahrheit zu antworten, als wir sie zu verantworten haben, was jedoch wiederum nur möglich wird, wenn wir aufwachen und uns eben ohne jede Maskerade sehen lernen und vor allem nicht mehr durch die Brille anderer Menschen. Der eine sagt dies, der andere jenes, und wir sammeln das alle fleißig im Laufe unserer Sozialisation, bis wir nicht mehr wissen, wer und was wir sind, man hat uns entmündigt. Der Spiegel, in den wir blicken, spiegelt schließlich nur noch unsere Maske, unsere Person wider. Um unser ursprüngliches Gesicht aber sehen zu lernen, müssen wir nach innen gehen und, wie Sokrates es gelehrt hat, uns selbst erkennen.

Wir sehen dann, dass wir nicht zufällig da sind, dass wir ganz im Gegenteil eine wichtige Wahrheit zu vertreten und mit anderen zu teilen haben. Dass wir nicht zuletzt aus diesem Grunde dringend gebraucht werden, so dass das Leben für uns auch endlich einen Sinn gewinnt.

Die eigene Mitte finden

Im Yoga geht es weder um eine Veränderung des Menschen noch geht es gar um die Schaffung eines neuen Menschen. Im Yoga erfolgt vielmehr eine ›Entfaltung‹ des in jedem von uns bereits vorhandenen Potentials ureigenster Möglichkeiten. Diese werden freigesetzt. Dieser Freisetzungsprozess ist identisch mit dem heute viel zitierten Prozess der Selbstverwirklichung, die, wenn sie nicht gewollt wird, selbstverständlich auch nicht erzwungen werden kann.

Nach dem grundlegenden Prinzip: Schwache Reize intensivieren die Lebenskraft, größere hemmen sie, stärkste zerstören sie gar, wird Yoga ohne jeden Stress, in völliger Ruhe und Ausgeglichenheit und frei von Ehrgeiz praktiziert.

Die in den Körperhaltungen *(âsanas)* sich vollziehenden Anspannungen dienen dem Zweck einer umfassenden Entspannung. Daher kommt es auch gar nicht so sehr darauf an, viele Körperhaltungen zu absolvieren. Entscheidend ist vielmehr, wie wir sie – unter Anleitung unseres Atemflusses – praktizieren, d. h. in welcher Geistesverfassung wir in sie hineingehen und in ihnen verweilen. Wir können, wenn wir es denn überhaupt wollen, umso mehr Kraft und Energie in der von uns einzunehmenden Körperhaltung entfalten, je entspannter und ruhiger wir sind. Am Ende vollziehen wir sie aus der eigenen Mitte, das heißt immer wieder: aus der in uns tief verborgenen Stille.

Es geht also gar nicht um die Entwicklung etwa unserer Muskeln, wie man es bei jeder Gymnastik anstrebt, sondern einzig und allein um die Erkenntnis unserer eigenen Natur.

Die Bezeichnung *âsana*, Körperhaltung, stammt von der Wortwurzel *âs* und heißt wörtlich übersetzt: ›sitzen‹, ›sich setzen‹, ›ruhig sitzen‹, ›bleiben‹. *Âsana* heißt also in erster Linie: Sitzen, Sitzhaltung, den ›Sitz‹, den wir einnehmen, wenn wir uns zur Meditation hinsetzen, uns in uns niederlassen. Gemeint ist damit eine Körperhaltung, in der man sich für eine längere Zeit aufhalten kann: durch das Nachlassen jeder Anstrengung, so dass der Atem frei fließen kann – und Meditation eintritt.

In Indien verstand man unter Befreiung immer schon die Befreiung von körperlichen Leiden, so dass die Bestrebungen darauf ausgerichtet waren, den Körper gesund, d. h. im Gleichgewicht zu erhalten. Dahinter steckte das Bewusstsein, nicht zwischen Körper, Seele und Geist unterscheiden zu können, sondern den Menschen in seiner Leiblichkeit ganzheitlich, ayurvedisch, zu verstehen. In diesem Sinne sind die Körperhaltungen zur weiteren Entfaltung unserer Leiblichkeit und damit unseres Lebens zu begreifen, wobei selbstverständlich immer die Gefahr besteht (und auch immer wieder zu beobachten ist), dass bei veränderter Bewusstseinslage aus den Yogahaltungen ausschließlich Körperübungen werden, ohne dass dabei auf die Weisheit des eigenen Körpers gehört wird.

»Fit durch Yoga«, Yoga für diesen oder jenen Zweck, so lauten heute die Schlagzeilen. Was dabei vergessen wird, ist, dass uns die einzunehmenden Körperhaltungen *(âsanas)* mit unserer Lebensenergie in Kontakt bringen und uns auf diese Weise durch spezifische Atemübungen *(pranayamas)* zuallererst auf uns selbst zentrieren und uns zur entspannten Ruhe hinführen.

Es handelt sich also um ganz spezifische Bewegungsabläufe, die uns aus unserem starren Panzer in eben dieses eigene Zentrum, in unsere Mitte, führen. Sie gehören damit zu den verschiedenen Arten von Bewusstwerdungs-, Zentrierungs- und Entspannungswegen, um die Mechanik unserer täglich gelebten Versteifung wieder aufzulösen. Es sind mit anderen Worten Haltungen, die ›aus dem Rahmen‹ fallen, infolgedessen auch sehr präzise ausgeführt werden müssen, um so das Repertoire unserer leiblichen Existenzmöglichkeit Schritt für Schritt auch erweitern zu können.

Jede Veränderung, die in einer der drei Ebenen von Körper, Psyche und Geist stattfindet, wirkt sich dabei sofort auf die jeweils andere Ebene aus, so dass es streng genommen diese drei Ebenen gar nicht gibt. Was stattfindet, ist eine Deprogrammierung und eine Rückführung zu unserem natürlichen Gleichgewicht in körperlicher, psychischer und geistiger Hinsicht.

Folgen wir den Anweisungen und praktizieren wir im Verlauf gerade auch der ersten Stunden eine gewisse Übungskultur, so wird uns schon nach wenigen Stunden bewusst, dass all unsere bisherigen mechanischen, automatischen und gewohnheitsmäßigen Verhaltensweisen neunundneunzig Prozent unseres derzeitigen Lebens umfassen. Durch die ständige, vor allem auch non-verbale Auseinandersetzung mit unserer leiblichen Existenz in unseren unterschiedlichsten Stimmungslagen findet schließlich so ein uneingeschränkter Selbstklärungsprozess statt, der uns allmählich von den festgefahrenen Verhaltensmustern und Vorstellungsbildern befreit. Was übrig bleibt, ist Zentriertheit, wolkenlose Klarheit und Stille.

Dass die vorrangig vom Atem geleiteten Körperhaltungen so korrekt wie nur möglich ausgeführt werden müssen, um die entsprechenden Effekte auch zu erreichen, kann gar nicht oft genug betont werden. Die Wirkung auf unseren Blutkreislauf und auf unser Drüsensystem zeigt sich dabei schon nach relativ kurzer Zeit vor allem in der Zunahme eines ausgeglichenen Stoffwechsels und der damit zusammenhängenden Beeinflussung unserer Befindlichkeit: Es findet gewissermaßen eine Umstimmung statt.

Eine besondere Bedeutung kommt dabei den Handstellungen *(mudren)* zu. Der Daumen und der Zeigefinger sind energetisch gesehen positiv geladen, der Ring- und der kleine Finger negativ, der Mittelfinger *ist* neutral. Die Hände auf den Knien, daran haben wir uns schon gewöhnt, bewirken eine Verlängerung unseres Einatmungsstroms.

Auch jetzt läuft die Yogapraxis auf Entspannung hinaus, wobei die Muskelentspannung eben nur einen Bereich bezeichnet; hinzu tritt die seelische und geistige Entspannung. Sie ist das beste Mittel, sich auch für die bislang noch ungenutzten Kapazitäten unseres Gehirns zu öffnen und dabei die rechte Gehirnhälfte anzuregen.

Durch Entspannung wird ein körperlicher, seelischer und geistiger Ruhezustand hervorgerufen, wobei unser Bewusstsein hellwach und klar und so auch die Aufnahmefähigkeit stark erhöht wird. Derartige Entspannungen sind, wenn man denn wirklich noch einen ›Beweis‹ braucht, an Herz- und Gehirnzellenrhythmen messbar. Je entspannter ich bin, desto aufnahmefähiger werde ich für das Gesehene, Gehörte, mir Mitgeteilte sein, ohne dass dabei meine kritisch geschulte Beobachtungsfähigkeit eingeschränkt wird. Ganz im Gegenteil.

Eine geistige Schulung im Sinne des lebenslangen Lernens ist zweifellos außerordentlich wichtig, damit der Anfänger (aber Anfänger bleiben wir stets) weiß, was er überhaupt tut bzw. was geschieht, wenn er sich unter Anleitung seines Yogalehrers auf den Yoga-Weg begibt.

Wenn, um ein Beispiel zu nennen, der archimedische Punkt unseres westlichen Denkens die ›Idee‹ des Seins ist, ist der des ostasiatischen (alten) Denkens das Nichts, in dem sowohl ›Sein‹ als auch ›Nicht-Sein‹ aufgehoben ist.

Das abendländische Denken ist im Gegensatz zum ostasiatischen Denken mit der alles verändernden Tat verbunden, wobei diese Tat, diese ›Machen‹schaft, wie Heidegger sagt, geleitet wird von einem durchgängigen ›Macht‹-willen, der insoweit über die bloße Anschauung der Natur wie der Wirklichkeit hinausgeht, als sie diesem Willen heute offenbar zum Opfer fällt. Sie wird nicht zuletzt unter dem materiellen Gewinnmotiv nicht geschont, sondern ausgebeutet.

Gegen dieses östliche ›Nichts‹ veranstaltet das abendländische Denken einen permanenten Aufstand. Es lässt der mit dem Nichts verbundenen Leere so lange keine Ruhe, bis es auf irgendeine Weise doch noch ausgefüllt wird. Dem dient vorrangig unsere Konsumgesellschaft. Merkwürdig bleibt nur, dass sie den Menschen nicht wirklich er›füllt‹, so dass er weiter nach immer neuen Sinnhorizonten Ausschau hält.

Die Erfahrung des Nichts ist jedoch die Voraussetzung der Offenbarkeit bzw. Wahrheit des Seins, aus der heraus der Mensch, die Tiere, die Pflanzen, die Sterne und die Dinge erst für uns an Realität gewinnen. In anderen Worten: Das Nichts, das wir in der Meditation auf dem Weg des Yoga erfahren, auf das wir gleichsam ›stoßen‹, ist dann nicht mehr bloß eine ›Idee‹, wie etwa das Hegelsche ›Nichts‹, das in Einheit mit dem Sein erst ein ›Werden‹ erlaubt. Dieses nicht zur eigentlichen ›Vorstellung‹ gelangende Nichts kann auch nicht definiert, d.h. be›greiflich‹, be›grifflich‹ ge›fasst‹ werden. Es schließt vielmehr jede Definition nach ›Sein‹ oder ›Nicht-Sein‹ aus, so dass gewissermaßen nur noch ein Merk- und Erfahrungssatz an der Grenze des Aussagbaren übrig bleibt: Alles-Sein wie Nichtsein-Nichts, lautet dann der entsprechende Satz.

Wenn wir uns also zur Meditation niedersetzen, erfahren wir uns im positiven Sinne nicht nur als unser eigener Abgrund, wir erfahren in dieser äußersten Ausgesetztheit auch jene Zeit, die jede Lebens- und Seinsvergessenheit hinter sich lässt. Wir erfahren ein Nicht-Wissen, das wir gewöhnlich für Weisheit halten, ohne dass wir für dieses Wissen irgendeinen

›Beweis‹ antreten könnten, gar brauchen. Wir können es nur aufgrund eigener Erfahrungen bezeugen. Und ich denke, das ist in unserer Zeit viel.

Für diejenigen, die sich für wissenschafts- und erkenntnistheoretische Fragen interessieren, darf ich noch hinzufügen: Was ich hier betreibe, ist Yoga, der in einer ayurvedisch verstandenen Phänomenologie der Leiblichkeit gründet und sich dabei nicht auf eine Bewusstseinsphänomenologie zurückzieht, sondern in erster Linie praktisch wird.

In dem Maße, in dem ich mir meiner Leiblichkeit bewusst werde, d. h. mich ›wahr‹nehme, in dem Maße werde ich mir auch der Scheinwirklichkeit bewusst, in der ich lebe. Erst auf diesem Wege kommt es zu einer neuen Bewusstseinsstufe bzw. -qualität.

Solange dieser Schritt ausbleibt, bleibt es bei dem Selbstbegrenzungsprozess des analytischen Bewusstseins, wobei es vor allem der eindimensionale ›Ich‹-Standpunkt ist, der uns immer weiter und immer tiefer in das Netz von Wahnvorstellungen, d. h. in den gegenwärtigen Nihilismus hineintreibt. Durch diese Ich-Perspektive werden die Dinge jeweils nur von einer Seite gesehen, d. h. in einer diesem Blickpunkt entsprechenden Verkürzung, wobei der auf diese Perspektive hin versicherte Wissenschaftler dem Irrtum anheim fällt, damit schon die Wirklichkeit er›fasst‹ zu haben. Schließlich hält er die dieser Perspektive entsprechende ›Logik‹ für ein universales Gesetz, was, wie Ludwig Wittgenstein gezeigt hat, gerade nicht der Fall ist.

Am Ende verliert sich der Wissenschaftler nur noch im Begrifflichen, d. h. im Vakuum unzähliger Abstraktionen; er erstarrt. Auf dieser punktförmigen Bewusstseinsebene bewegen wir uns ohne Erstaunen darüber, dass sich nichts wirklich verändert – schon gar nicht wir selbst.

Wir alle sind tief verwundert, wenn wir daran denken, dass nicht nur die jüdisch-christliche Doktrin die im Grunde grausame Trennung des Menschen in seinen Körper, in seine Seele und in seinen Geist vorgenommen und dogmatisiert hat. Wohin wir hier im Westen auch schauen: Es herrscht nach wie vor eine unglaubliche Unterdrückung, die uns zu Rasenden macht, weil wir unsere Energie ja irgendwohin lenken müssen. Wir wissen unter diesem Dogma stehend nicht mehr, was es heißt, zu leben, wir haben es im Grunde genommen nie wirklich gelernt. Die Folge ist, dass wir unsere Energie unter anderem auf die Arbeit richten, die wir in vielen Fällen zu unserer Religion erhoben haben. Die Folge ist, dass wir uns ständig in einem Erschöpfungszustand befinden. Dabei hat natürlich die politische Klasse ein maßgebliches Interesse daran, dass wir uns an ganz bestimmten Glaubensgrundsätzen, etwa am wissenschaftlich-technischen Fortschritt festhalten, damit wir auch weiter ›unsere‹ Arbeit leisten.

Dieser Arbeits- und Gehorsamsethos ist dabei so stark in uns verankert, dass wir nur sehr schwer begreifen, was es mit uns und unserer Freiheit eigentlich auf sich hat. Wir schleichen demzufolge nur noch wie Gespenster durch die Welt und suchen folgerichtig unser Glück auch nur noch im nächstbesten Konsumprodukt, im nächsten Film oder workshop. Was so erfolgt, ist eine Ausplünderung menschlicher Ressourcen, auch wenn wir uns anstrengen, immer wieder von dieser Tatsache wegzusehen.

Im Mittelpunkt dieses Welt- und Lebensverständnisses steht schließlich der ›Terror der Ökonomie‹, d. h. die Gier nach Geld und Macht, wobei sich dieses Denken und diese Lebensform darin erschöpft, wie wir noch mehr Produkte erzeugen und noch mehr Gewinne machen und noch mehr konsumieren können, letzten Endes ohne jedes vorstellbare Maß.

Dabei spielt ganz sicher das Geld eine wichtige Rolle, da es den Wert aller Dinge, so man daran glaubt, zum Ausdruck bringt. Es hat unser Zusammenleben, unsere Kultur und Natur sowie unsere eigenen Werte verändert und beraubt, ohne dass uns dieser Vorgang im eigentlichen Sinne überhaupt noch zu Bewusstsein kommt. Alles und jedes wird zu einer verwert- und konsumierbaren Ware von ausschließlich ökonomischer Zweckmäßigkeit degradiert, wobei wir Menschen selbst in diesem Prozess früher oder später verschwinden.

In einer so veräußerlichten Welt, in der der Mensch sich selbst, den Menschen und die Natur nur noch als Fremdes und Befremdendes erlebt, tritt folgerichtig auch eine erschreckende Sprachlosigkeit in unser Leben ein, in der die Unterhaltungsindustrie und die Massenmedien die ›Entfremdeten‹, also uns, erst recht von sich entfremden, d. h. ablenken, indem sie uns ›blendend‹ amüsieren.

Gott sei Dank gibt es immer noch Menschen, die dieses Verhängnis durchschauen und sich auf den Weg machen, sich selbst und die Welt, in der sie leben, durchschauen zu lernen.

Ein solcher Weg stellt der Yoga dar, der zugegebenermaßen nicht leicht zu praktizieren ist. Aber wer sagt uns, dass das Leben, das wir zu leben haben, ein leichter Weg sein muss. Leicht im Sinne von seicht und oberflächlich, statt steinig und anstrengend.

Im Ozean der Wahrheit schwimmen

Der Traum von der Verwandlung der Welt in einen Maschinenpark ist alt und trotz weitgehender Realisierung offensichtlich noch immer nicht ausgeträumt. Er ist inzwischen beim Netzwerk des Virtuellen angelangt. Ein Blick in die Geschichte der Technikvisionen seit dem 18. Jahrhundert offenbart die Konstruktionen der Zukunft als Vorgriff auf das Heil, das uns durch die Einführung neuer Technologien zugesichert wird.

Die Welt als Panoptikum, der Mensch als Automat, die Gesellschaft als chorusline und die neuen Räume nunmehr als virtuelle Realität – so sehen die Visionen einer Gesellschaft aus, die dem Glauben anhängt, dass zwar die Materie Gott, der Geist aber uns Menschen unterworfen sei. Dieser Geist schaukelt sich heute zu der nachhegelschen Provenienz empor, Technik sei »der Einzug des Weltgeistes in Materie und Energie« (Friedrich Dessauer, 1922).

Das visionäre Wunschziel, also die Verwandlung und Unterwerfung von Raum und Zeit in kontrollierbare Einheiten, führt zu immer lebensfeindlicheren Dimensionen, wenn uns das auch bis heute noch nicht wirklich bewusst geworden ist. Das Scheitern des Unternehmens, das wir immer noch Fortschritt nennen, war der Vision von Anfang an eingeschrieben. Ihr Sinnbild: der Turmbau zu Babel.

Die kritische Reflexion der Visionen von einst und jetzt deckt auf, dass die Weltverbesserungsvorstellungen von der menschlichen Hybris geleitet wurden, durch die alles und jedes möglich ist. Und doch geschieht nichts auf den humanen Fortschritt, auf die Befreiung des Menschen, auf seine Würde hin. Denn in den Visionen dreht sich nun einmal alles nur um herrschsüchtige Automaten, Maschinen und künstliche Welten. Sie führten lediglich zu einer Technowelt, aus der es offenbar kein Entkommen mehr gibt.

Die klassischen Visionen von einer maschinell unterworfenen Welt sind längst realisiert, d. h. überholt. Doch die Utopieentwürfe gehen unverdrossen weiter. Heute zielen sie auf geklonte Wesen ab, deren Gehirne möglichst direkt an die digitalen und virtuellen Welten angekoppelt werden sollen. Die wissenschaftlich-technische Vernunft hat ihre Herrschaft längst an die Elektronik übergeben, und die Realität zerfällt zusehends in eine pseudokommunikative Zerstreuungsmaschinerie sowie in neue Technologien, deren Folgen nicht mehr absehbar sind.

Das Irrenhaus, in dem wir leben, kann man aber auch als eine besondere Wachstumsschule für jeden Einzelnen begreifen. Keiner von uns kann die Welt, die Menschheit mehr retten. Was wir jedoch tun können: uns erst einmal selbst retten, indem wir nicht zuletzt unsere eigenen Denk- und Handlungsprozesse beobachten. Dabei konzentrieren wir uns heute auf den Atem.

Das Wort *prâna* setzt sich zusammen aus *prâ* = unabhängig existieren = a priori = vormental und *ana* = Zelle, bestehend aus Molekülen und Atomen. *Prâna* ist also eine Energie, die schon existierte: bevor alles Leben auf dieser Erde begann. *Prâna* ist kein Element neben anderen Elementen in unserem Atem, sondern bezogen auf unseren Atem eher ein Katalysator.

Goraknath, Gründer jener Bewegung, die heute mit dem Begriff Hatha-Yoga in Verbindung gebracht wird und aus der Schriften wie die Hatha-Yoga-Pradipika hervorgegangen sind, teilte zum ersten Mal das Wort *hatha* (wörtlich: Anstrengung,

Bemühung) willkürlich in zwei Silben und gab ihm damit eine neue Bedeutung: *ha*, erklärte er, stehe für *prâna*, die Einatmung und *tha* für *apana*, Ausatmung. *Hatha* bezeichnete für ihn also die besondere Verbindung von Ein- und Ausatmung, Hatha-Yoga das Üben mit dem Atem. Erst später werden den beiden Seiten *ha* und *tha* neben Bedeutungen wie Sonne und Mond noch andere zugeschrieben.

In unserer heutigen Situation kann es erst einmal nur darum gehen, unseren Atem auf natürliche Weise wiederzufinden: ›es‹ atmen zu lassen, mit anderen Worten: den natürlichen Atemimpuls zuzulassen und zu fördern, anstatt die Atmung, was sehr häufig gelehrt wird, zu lenken.

Unsere Atmung wird dabei durch unsere Nervensysteme gesteuert:

(a) durch das unwillkürliche (autonome, vegetative) Nervensystem und

(b) durch das willkürliche, das von unserem Willen gesteuerte, mit dem wir vor allem unsere Skelettmuskulatur innervieren.

Unsere Lungen bestehen aus 500 bis 800 Millionen Lungenbläschen, was einer Fläche von 70 bis 130 Quadratmeter entspricht. Wir tätigen 16 bis 20 Atemzüge pro Minute; d. h. wir bewegen 8 Liter Luft in dieser Zeit; ein Neugeborenes bewegt 50 Liter Luft pro Minute.

Unser Atem setzt tief in uns verwurzelte Spannungen frei. Er unterstützt unsere ›Selbst‹-Annahme und stärkt unsere Bereitschaft, unser Herz zu öffnen und im Hier und Jetzt, in dieser Gegenwart zu leben.

Der Ort des *prâna* ist der Herz-(Brust-)Raum, der des *apana* der Bauch-/Becken-Bereich; das *samana* im Bereich oberhalb des Nabels, der des *udânas* der Kehlbereich, während *vyâna* sich überall im Körper bewegt.

Die *bandhas* (Verschlüsse) intensivieren insbesondere die Ausatmung und die Einatmung, ja wir können auch sagen: dass die Aufgabe der *bandhas* darin besteht, den Reinigungsprozess, wie wir ihn inzwischen schon aus dem Ayurveda kennen, durch eine intensive Einwirkung auf den Energiefluss, der durch die *nadis* erfolgt, noch zu verstärken. So soll *prâna* mit Hilfe des *jalandharabandha* (Kehlverschluss) vom Brustbereich herunter zum ›Feuer‹ in der Nabelregion geleitet werden, um die ›Flamme‹, also die Hitze, zu verstärken. *Prâna* soll durch *mulabandha* (Verschluss im Bereich des Beckenbodens) aus dem Unterleib nach oben ebenfalls zum ›Feuer‹ gehoben werden, um die Schlacke zum Feuer zu bringen. Mit *uddiyanabandha*, dem Anheben und Einziehen des Bauches, wird schließlich die Ausatmung und Einatmung mit dem oben erwähnten ›Feuer‹ zusammengebracht und so die Verunreinigung am Eingang des mittleren Energiekanals *(susumna)* verbrannt, so dass jetzt *prâna* im mittleren Energiekanal aufsteigen kann.

Wir müssen das Leben in seiner ganzen Leibhaftigkeit erinnern, entdecken. Von daher erfolgt eine veränderte Einstellung der heutigen wissenschaftlich-technischen Welt gegenüber. Yoga ist gewissermaßen ein möglicher Weg, dieses Ziel zu erreichen. Wenn wir immer wieder auf unserem Yoga-Weg auf *prâna* zu sprechen kommen, dann exakt im Sinne von Leben, noch genauer: von fortatmen. *Mudra* (Handstellungen bzw. -bewegungen) zu üben, bedeutet dann nichts anders als *âsana*, *pranayama* und *bandha* gleich noch einmal zu verstärken.

Mud heißt Freude und *ra* das, was Freude bringt. *Mudra* setzt voraus, dass wir *âsana*, *pranayama* und *bandha* schon geübt haben, erst dann beginnt die *mudra*-Stufe.

Wenn wir etwa unsere Vorbeugeübungen mit einem *mudra* verbinden, heißt das

1. den Verschluss am Beckenboden zu vollziehen;

2. die Bauchdecke hoch- und einzuziehen, den Atem anzuhalten *(kumbhaka)* und

3. den Verschluss in der Halsgrube zu tätigen: erst dann kann das Ganze als *muhamudra* bezeichnet werden.

Das *Große Mudra* bedeutet schließlich: Siegel, Geste. *Mahamudra* ist also das große Siegel, das Komplexe von Übungen ›versiegelt‹ und Freude (durch innere Achtsamkeit) auslöst. Wir spüren dann den Energiefluss und damit zugleich jenen inneren Klang *(nada)* der verschiedenen Energiefrequenzen; das bedeutet, dass auch unser Bewusstsein sich auf eine immer feinere Schwingungsebene zubewegt, bis wir uns uneingeschränkt selbst wahrnehmen, d. h. den Zustand des reinen, unverstellten Seins ohne Spannungen und Blockaden erfahren.

Goraknath lebte zwischen dem 8. und 12. Jahrhundert in Nordindien und stammte aus einem tantrischen Milieu. Er gründete den Nath-Sampradaya-Orden (*Nath*-Yogis) (*Nath* = Beschützer, Herr). Aus dieser Tradition stammt auch die Hatha-Yoga-Pradipika des Svamarama. Interessant ist, dass Goraknath als seinen Lehrer wiederum Matsyendranath nennt und dass viele Texte, die heute noch erhalten sind, in diesem Orden entstanden sind: die Gheranda-Samhita, die Sivasamhita, die Goraksa Sataka u. a. m.

Während unserer Übungen korrespondiert der *Ida-nadi* mit unserem parasympathischen Nervensystem; *pingala* mit dem sympathischen. Zwischen diesen zwei *nadis* befindet sich ein dritter: *sushumna-nadi*, der seinerseits mit unserem Zentralnervensystem korrespondiert. Ziel ist es, *sushumna-nadi* und damit das Zentralnervensystem zu öffnen. *Ida-nadi* korrespondiert mit unserer Mentalkraft. Es steuert die fünf Sinne, die für die Weiterleitung unserer Empfindungen verantwortlich sind: das sensorische Nervensystem. *Pingala* korrespondiert aber auch mit *prâna*, der uns vertrauten Lebensenergie, mit den Werkzeugen unseres Handelns: also mit dem motorischen Nervensystem.

Die *bandhas* ›binden‹, ›fesseln‹. Das, was gebunden, gefesselt, konzentriert werden soll, ist schließlich die genannte Lebensenergie, von Wilhelm Reich »Orgon« genannt, die, wie jeder weiß, sich zu zerstreuen pflegt. Nur wenn sie gebündelt und zentriert werden kann, ist sie in der Lage, den erwünschten Transformationsprozess einzuleiten.

Mit jeder Einatmung nehmen wir *prâna* auf. Gleichzeitig handelt es sich um den Einatmungsstrom des ›Verdauungsfeuers‹ im Nabelbereich. Die Pause in der ›Atemfülle‹ *(kumbhaka)* lässt das Feuer aufglühen und gibt ihm eine Ausrichtung nach unten hin.

Das Setzen der genannten *bandhas* im *kumbhaka* verändert dabei die übliche Bewegungsrichtung der beiden wesentlichen Aspekte dieser Energie, von *prâna-* und *apâna-vagu*. *Prâna-vagu* ist der Aspekt der Lebensenergie, die aufnimmt und aufsteigt und die durch *jalandhara-bandha* nach unten in Richtung Nabel gedrängt wird ... Wir vergegenwärtigen uns so ständig unseres Atems in seiner ganzen Fülle.

Wir vergegenwärtigen uns so also ständig unseres Atmens in seiner ganzen Leere.

Ein langer Atem ist

1. mit einem langen Leben gleichzusetzen;

2. verbessert er unsere Gesundheit; das vertiefte Ausatmen fördert, wie mehrfach betont, die ständige Reinigung unseres Körpergewebes und das daraus resultierende vertiefte Einatmen die Vermehrung von Sauerstoff inklusive *prâna*;

3. erweitert er stufenweise unser Bewusstsein, das schließlich im Mittelpunkt unserer Aufmerksamkeit steht.

Auch wenn uns diese Zusammenhänge im Einzelnen noch nicht vertraut sind – was nicht so entscheidend ist –, so besteht der erste Schritt im Yoga in Vorbereitungsübungen, in denen bestehende Muskelspannungen oder innere Anspannungen erst einmal aufgelöst werden.

Der zweite Schritt beschäftigt sich mit der Ernährung. Denn das, was wir essen, kann den gewünschten Energiefluss sowohl behindern als auch fördern. Dabei ist nicht – wie schon dargelegt – an eine spezielle Diät gedacht, sondern daran, dass jeder von uns eine ihm zuträgliche Form der Ernährung findet, die seine Lebenskräfte optimal fördert.

Der dritte Schritt besteht in den speziellen Reinigungsübungen, yogisch gesprochen: in den so genannten *kriyas*. Dazu zählt auch, dass wir unseren Geist von allen überflüssigen Aktivitäten befreien, damit unsere Konzentrationsübungen in Zukunft nicht mehr behindert werden.

Der vierte Schritt konzentriert sich auf das, was ich die Nullmeridiane des Atems nenne; und der fünfte Schritt befasst sich mit den genannten *mudras* und *bandhas*, wobei sich der sechste Schritt auf die subtile Wahrnehmung unserer Energiebewegungen, die Schwingungen konzentriert, um eines für den Yogi nicht zu fernen Tages schließlich einschätzen zu können, welche *âsanas* wir einnehmen sollten, um unseren Krankheiten vorzubeugen, indem wir zu unserem Gleichgewicht zurückfinden und es dauerhaft bewahren.

Der siebte Schritt bezieht die *mantren* mit in unsere Übungen ein.

Linji Jixuan: Eintreten in die Welt der Form, ohne von der Form getäuscht zu werden;

eintreten in die Welt der Töne, ohne von Tönen getäuscht zu werden;

eintreten in die Welt der Gerüche, ohne von Gerüchen getäuscht zu werden;

eintreten in die Welt des Geschmacks, ohne vom Geschmack getäuscht zu werden;

eintreten in die Welt der Berührung, ohne von Berührung getäuscht zu werden;

eintreten in die Welt der Lehre, ohne von der Lehre getäuscht zu werden.

Wenn erkannt wurde, dass Form, Ton, Geruch, Geschmack, Berührung und Dharma leere Formen sind, dann können sie den unabhängigen, mündig gewordenen Menschen nicht mehr fesseln. Obwohl er aus den fünf ausfließenden *skandhas* (Körperlichkeit, Empfindung, Wahrnehmung, psychische Formkräfte, Bewusstsein) besteht, ist er ein Mensch von übernatürlicher Kraft geworden.

Von dem, was man mit den Augen sieht, nicht mehr gefesselt zu werden;

von dem, was man mit den Ohren hört, nicht mehr gefesselt zu werden;

von dem, was man mit der Nase riecht, nicht mehr gefesselt zu werden;

von dem, was man mit dem Körper fühlt, nicht mehr gefesselt zu werden;

von dem, was man mit dem Bewusstsein begreift, nicht mehr gefesselt zu werden: Das sind die sechs übernatürlichen Kräfte eines zu sich selbst erwachten Yogi.

Wir haben es also immer nur mit provisorischen Formen zu tun, die sich im Transformationsprozess selbst permanent verändern. Wenn wir das begreifen und danach unsere Übungen ausrichten, kann uns nichts mehr wirklich behindern; wir sind dann frei von jeglichem Leiden.

Besonders für Menschen, die – wie wir – unter dem Einfluss der cartesianischen Denkweise aufgewachsen sind, einer Denkweise, in der alles zergliedert und danach wieder zusammengefügt wird, in der alles klar erfasst und verstanden wird, ohne dass etwas Unklares, Unerfassbares übrig bleibt, und in der die Vernunft als das Wichtigste betrachtet wird, bedeutet ›Verstehen‹: etwas logisch zu erfassen und einzuordnen.

Alles in seiner ›So‹heit aufzunehmen und nichts zu ignorieren, ohne nach diesem logischen Erfassen zu streben, ohne Angst, dass man etwas nicht versteht oder logisch nicht einordnen kann, dies ist der Geisteszustand eines erwachten Yogi: Man trifft ihn, ohne ihn zu kennen, man redet mit ihm, ohne seinen Namen zu wissen.

Ein von Täuschungen befreiter Mensch weiß, dass kausale Bindungen Leere sind; dass Geist Leere ist; dass die Lehre Leere ist, und, indem der Yogi dieses transzendiert und nicht weiter an den Dingen haftet, verbrennt er schließlich alle Sutras- und Buddha-Statuen.

Bis dahin herrschen wir eifrig außerhalb, haften an den Worten der Menschen, an Urteilen, die von anderen gefällt wurden und werden, so dass wir nicht auf eigenen Beinen stehen; wir werden von Objekten ›gefesselt‹ und erzeugen so die vertrackten Selbsttäuschungen.

Im Ozean der Wahrheit schwimmen, aber keine Leichen von Dogmen und Lehren mit sich herumschleppen, lautet also die Lehre. Trotzdem tragen wir immer wieder die Leichen unserer Überzeugungen, die Verhärtungen von dem, was wir gelernt und geübt haben mit uns herum. Wir erzeugen so selbst immer wieder unsere Hindernisse und Probleme und behindern damit das ursprüngliche Wirken unseres Geistes.

Ohne die Wolken dieser Behinderungen zu leben, ist, als würde die Sonne alles bescheinen; habt Ihr keinen Staub im Auge, seht Ihr auch keine Trugbilder mehr von Blumen im leeren Raum.

Der göttliche Atem

Es kommt darauf an, aus unserer Mitte heraus zu leben. Darin besteht das eigentliche Ziel des Yoga.

Albert Schweitzer sprach davon, dass wir, bevor sich in unserer Zeit überhaupt etwas zum Positiven hin wenden könnte, die ›Ehrfurcht vor dem Leben‹ erst wieder in den Mittelpunkt unseres Lebens rücken müssen, d. h. eine Gesinnung der Achtsamkeit gegenüber dem Leben in allen seinen Formen pflegen. Denn je mehr wir das Leben achteten, desto tiefer könnten wir in das Leben eindringen, es wirklich leben.

Gott – ich spreche lieber von der Göttlichkeit – befindet sich nicht jenseits von diesem Leben, sondern ganz im Gegenteil, in diesem Leben selbst. Alles, was uns aus dieser Dimension heraus erwächst, entspricht unserem Zentrum, dem gegenüber all das, was nicht unmittelbar unser Leben berührt, an die Peripherie rückt. Sobald wir fest entschlossen sind, dieses Leben wirklich zu leben, werden wir früher oder später auch zu unserem Zentrum, zu unserer Mitte, gelangen, d. h. zum Grund, zur Wahrheit unserer Existenz. Sobald dies geschieht, hört jede Rede von Gott, jeder Appell, an ihn zu glauben, von alleine auf; wir haben verstanden.

Aus den christlichen Dogmen geht hervor, dass Gott unsere Welt irgendwann einmal geschaffen haben soll. Und dies in sechs Tagen. Danach, am siebenten Tag, habe er sich ausgeruht. So wurde uns der Sonntag geschenkt. Danach hat Gott nichts mehr getan. Die Welt läuft seither quasi von allein weiter, wobei Gott – so wird gesagt – in seiner Güte den Menschen in seine Selbstverantwortlichkeit freigegeben habe.

Diese dualistische Philosophie bzw. Theologie hat bei uns allen durchaus eine zwiespältige Haltung hervorgebracht: dass Gott und die Welt zwei verschiedene Dinge seien. Wenn solche Rede zulässig ist, hat Gott diese Welt, in der wir leben, gerade nicht von sich getrennt erschaffen – wie etwa ein Maler ein Bild. Gott ist danach vielmehr die Kreativität, das Leben selbst. Eine authentische Religiosität ist daher immer für das Leben und eben gerade nicht gegen das Leben eingestellt.

Wenn ich sage: Gott sei Kreativität, also das Leben selbst, dann meine ich damit, dass in dem Maße, in dem wir in das Leben hineingehen, wir auch auf das eigentlich Leben spendende Prinzip, das uns trägt, stoßen.

Jesus sagte, Gott sei die Liebe, und es ist zu vermuten, dass er eben aus dem einzigen Grund gekreuzigt wurde, weil er Gott ›Liebe‹ nannte. Denn Gott existierte nach alter metaphysischer Vorstellung jenseits von Leben und Liebe. Man müsse alles hinter sich lassen: das Leben, die Liebe, alles. Nur dann könne man Ihn auch finden. Und Jesus holte Gott auf die Erde herunter und sprach in der Bergpredigt von Liebe.

Immer, wenn wir das Leben leben, es leiben, wenn wir den sprießenden Keim irgendeiner Pflanze, einen blühenden Baum, wenn wir die Sterne sehen, einen Fluss, der an uns vorüberfließt, ein lachendes Kind, erfahren wir etwas von diesem göttlichen Atem, der in uns wirkt und den wir vor allem zu spüren bekommen, wenn wir uns bewusst dem göttlichen Sein gegenüber öffnen.

Ein Baum ist bekanntlich kein bloßes Ding. Wenn wir einen Baum berühren, berühren wir das Leben. Denn er ist lebendiger als irgendein von Menschenhand errichtetes Kraftwerk. Ein Fluss ist lebendiger als irgendein künstlicher Kanal, durch den mittels irgendeiner Hydraulik Wasser fließt. Wenn wir das Leben in all seinen Formen achten, wie es Albert Schweitzer gelehrt hat, es also liebend verstehen, werden auch wir lebendiger; wir werden selbst zum Fluss, zum Fließen: in seinem Überfluss.

Es gibt nur eine Welt: diese Welt. Und wenn wir in sie hineingehen, entdecken wir, dass das Jenseits, wie Nietzsche sagte, im Diesseits verborgen liegt. Es gibt keinen Widerspruch zwischen Diesseits und Jenseits. Das Diesseits ist die Peripherie und das Jenseits die Mitte. Um zum Jenseits zu gelangen, müssen wir ohne innere Vorbehalte ins Diesseits eintauchen, bis wir anfangen, es als heilig, als göttlich zu erfahren.

Das Göttliche ist also nichts anderes als jener ›Tiefgang‹, als jener Moment, in dem wir das Leben, wie es biblisch heißt, erst ›gewinnen‹. Ohne dass wir nicht diesen entscheidenden Sprung wagen, diesen Sprung zur uneingeschränkten, vieldimensionalen Lebens- und Seinserfahrung, werden wir niemals wirklich mündig, niemals wirklich authentisch, niemals wirklich erwachsen werden, d. h. aufrecht und zugleich aufrichtig gehen lernen. Wenn wir uns nur an der Peripherie unseres Lebens aufhalten, ohne dass wir uns unseres Zentrums bewusst werden, also unserer Mitte, werden wir das Göttliche, auf das wir überall und zu jeder Zeit stoßen, nie wirklich erfahren.

Wenn wir weiter in unserem Dämmerzustand unser Zentrum, unsere Mitte leugnen und es in Abrede stellen, werden wir nie begreifen, warum wir uns ständig mit Problemen herumschlagen, die wir offenbar unter den gegebenen Umständen nicht zu lösen in der Lage sind; wir bleiben gegenüber unserem Zentrum blind, ja sind möglicherweise auch blind gemacht worden. Diese Blindheit lässt uns auch den Widerspruch zwischen dem Profanen und dem Göttlichen aufrechterhalten, obwohl es sich um einen in jeder Hinsicht künstlich erzeugten Widerspruch handelt, so dass wir hier auch zu keiner Synthese gelangen können.

Die Welt ist *Eine Welt*. Die angeblich jenseitige Welt eine Fiktion, eine Erfindung. Einer solchen Fiktion zuliebe muss die Welt, in der wir leben – und die real ist –, geopfert werden. Dafür wird ein Mensch anerkannt: als ein Erleuchteter, als ein großer Prophet, auch als ein großer Heiliger, vielleicht sogar als eine Inkarnation Gottes. Um diese Erwartungen zu erfüllen, haben viele Menschen nicht mehr wirklich in ihren Körpern gelebt, sondern eher in einer Leiche, wobei *wir* es waren, die derart absurde Forderungen an derartige Identifikationsobjekte stellten. Was wurde und wird auch heute noch nicht alles von Jesus und Buddha erwartet! Andererseits waren gerade sie auch wieder nicht mutig genug, uns das zu verweigern!

Es gibt kein anderes Leben, als dieses, wobei der Tod nur die andere Seite des Lebens, also überhaupt nichts Bedrohliches darstellt, vor dem wir uns fürchten müssten. Es ›gibt‹ keinen personalen Gott, dem wir gehorchen müssten; es gibt nur diesen einzigartigen, der uns, wenn wir uns erst einmal wirklich auf ihn eingelassen haben, herausfordert, so total wie nur möglich zu leben.

Wenn die cartesianische Wissenschaft vom Leben abgerückt ist, dann nimmt es nicht Wunder, dass wir heute in einer Wüste leben – oder soll ich sagen: in ihr dahinvegetieren? In ihr ist das Göttliche heute nur noch schemenhaft sichtbar. Heidegger sprach in diesem Zusammenhang von dem »Vorbeigang des letzten Gottes«.

Dabei ist es dann auch nicht mehr so entscheidend, ob ein Christ, Moslem, ein Hindu, ein Jude überhaupt noch weiß, an was er da eigentlich ›glaubt‹. Er blinzelt eh nur noch vor sich hin. Was uns vielleicht aber retten könnte, wäre eine radikale Besinnung, vollziehbar einzig und allein in der Meditation auf uns selbst und damit auf die Grundvoraussetzungen und Grundbedingungen unserer Existenz. Nur dann wird sich (möglicherweise) auch erst wieder der Weg zeigen, der das

Ziel unseres Weges sein könnte: die Achtung vor der unverstellten, göttlichen Schöpfung, deren Atem nie ausgeht.

Das Leben ist Bewegung, ist Fließen – wir selbst auch. Demgegenüber ist unser Verstandesdenken geradezu statisch und daher auch immer irgendwie abgestanden, nie wirklich neu; es hinkt ständig diesem Fließen hinterher. Infolgedessen stimmt unser Denken in den uns bekannten Kategorien der Rationalität, der instrumentellen Vernunft, mit dem Leben auch nie wirklich überein. Diese Blume, die wir jetzt hier sehen: Schon in diesem Augenblick, in dem wir sie sehen und ihre Schönheit wahrnehmen, ist sie nicht mehr dieselbe! Um diese aufregende Tatsache nicht akzeptieren zu müssen, unterstellen wir häufig eine Kontinuität, die es in Wirklichkeit jedoch nicht gibt. Wissenschaftlich müssen wir mit diesen Unterstellungen und Vorentscheidungen arbeiten. Aber die Wissenschaft selbst vollzieht sich nach ihren eigenen Worten und Absichten heute weit entfernt von der Wirklichkeit des Lebens.

Wir sehen einen Fluss, aber diesen Fluss werden wir so nie wieder sehen. Das heißt, sobald unser Verstand etwas festhält und als wissenschaftlich-technischer Verstand wissenschaftlich-technisch festlegt, ›feststellt‹, wie wir sagen, hat sich die wirkliche Lage schon verändert. Der wissenschaftlich-technische Verstand sammelt daher nichts anderes als immer nur wieder tote Spuren. Sie ›beweisen‹, dass das Leben hier war, aber schon weitergegangen ist. Nicht zuletzt deshalb ist es heute auch so abenteuerlich, dass wir vorrangig unsere Verstandeskräfte trainieren, gehen wir doch gerade dadurch immer wieder am vielgestaltigen Leben vorüber, ja verbauen es uns geradezu. Damit sage ich nicht, dass wir unseren Verstand nicht gebrauchen sollen. Aber wir sollten doch wenigstens wissen, wozu er bzw. wozu er nun einmal nicht in der

Lage ist. Erst wenn wir hier Klarheit gewonnen haben, kommen wir auch wieder mit dem Leben in Einklang und möglicherweise überhaupt erstmals in Kontakt. Nur wenn wir unser Verstandesvermögen transzendieren, verschwindet der Abstand zwischen uns und der Wirklichkeit – aber auch zu unserem eigenen Denken. Nur dann leben wir wirklich und nicht nur mit eingebildeten Vorstellungen, mit Hirngespinsten, die wir auch noch für wirklich und wissenschaftlich ›abgesichert‹ halten.

Wir leben dann nicht mehr nach dem Diktat einer instrumentellen Vernunft bzw. Rationalität, einer Religion bzw. irgendeiner Tradition. Wir leben dann nur aus der Mitte unseres Seins – religiös –, d. h. nach meinem Verständnis, frei von jeder fiktionalen Bindung. Erst dann kann sich auch wieder Gott zeigen.

Das wird dann vermutlich weder ein christlicher noch ein moslemischer, weder ein jüdischer, noch ein hinduistischer Gott sein, sondern ein Gott, dessen Atem jeder von uns spürt und der sich nicht mehr an Dogmen festmachen lässt, die wir mit unserer tatsächlichen religiösen Erfahrung in keiner Weise mehr in Übereinstimmung bringen können, so dass die Priester, Rabbis und Imane heute auch zu Recht von ihren Gemeinden im Regen stehen gelassen werden. Der Fundamentalismus, als letztes Aufgebot, spricht hier ganz sicher eine deutliche Sprache.

Es ist anfangs schwer, sich auch nur vorzustellen, was es heißt, aus der eigenen Mitte, aus der Stille der eigenen Leere, also aus einem ›Vorstellungs‹-freien Raum heraus in entspannter Ruhe zu leben. Aber aus dieser Leere wachsen alle Bäume hervor; aus dieser Leere heraus ziehen alle Sterne ihre Bahnen und aus dieser Leere heraus entsteht und vergeht eines Tages auch wieder die Schöpfung.

Nur wir Menschen tragen immer noch die geradezu absurde ›Idee‹ mit uns herum, wir müssten uns irgendwo anlehnen und unserem anerzogenen Identifikationsbedürfnis mit irgendeinem Gott nachkommen. Dabei verhält es sich doch gerade umgekehrt: Ist es doch schwierig und geradezu verhängnisvoll, sich mit allen möglichen ›Ideen‹ und ›Vorstellungen‹ immer wieder aufs Neue zu identifizieren. Am Ende steht wieder eine Enttäuschung ins Haus. Wir glauben zwar, dann endlich so etwas wie Sicherheit gefunden zu haben. In Wirklichkeit befördern wir durch diesen Aberglauben aber immer nur wieder das Chaos, d. h. die gähnende Leere in uns und um uns herum.

Das Leben geht weiter. Es bleibt niemals stehen und ist auch niemals endgültig ›festzustellen‹. Wo dies geschieht – ich denke, auch die Wissenschaft beginnt dies langsam zu begreifen –, ist das Leben längst erloschen. Keinen einzigen Moment lang hält sich das Leben irgendwo noch auf. Es ist keiner Tradition verpflichtet und es bedarf vor allem auch keines festgelegten Musters, da es sich ständig dem Unbekannten und damit dem Ungewissen öffnet.

Das Denken in den Kategorien des Verstandes will jedoch vorrangig Sicherheit und Gewissheit. Das vielgestaltige Leben führt uns aber zu immer neuen, bisher nie gemachten Erfahrungen. Und je geübter gerade der Verstand ist, desto verschlossener ist er allem Neuen gegenüber. Er bekommt Angst davor, dem Leben ins Antlitz schauen zu müssen. Daher weicht er ihm aus.

Auch der Sozialwissenschaftler beurteilt das Leben nur nach den von ihm festgesetzten ›Gesetzen‹ des wissenschaftlichen Verstandes, seinen ›Grund-Sätzen‹, um schließlich blind und taub dem wirklichen Leben gegenüber zu werden.

Diese Erfahrung trifft, wenn wir es uns auch nicht immer eingestehen, in erster Linie auf uns selbst zu. Tausende von Sekunden sind seit gestern verstrichen. Wir, die wir gestern noch in diesem Raum waren, sind heute schon nicht mehr hier. In jedem Augenblick sterben wir, in jedem Augenblick werden wir neu geboren. Die Nullmeridiane unseres Atems bringen uns dieses zu Bewusstsein, wenn wir denn auf das Leben, also auch auf uns selbst und damit auf unser Atmen zu achten gelernt haben.

Die Grundmetrik von Sein und Welt

Ich unterrichte Yoga vor dem geistigen Ur- und Hintergrund des Zen; Yoga ist für mich vom Zen schwerlich zu trennen.

Die vorherrschende Schule des Zen im heutigen Japan ist die ›Rinzai‹ - oder ›Plötzliche Schule‹, eingeführt im 12. Jahrhundert von Meister Eisai, der die berühmten Klöster von Kyoto und Kamakura gründete.

Rinzai-Zen bedient sich hauptsächlich der Methoden des *mondo* und des *koan*, mithin einer Methode des Lehrens, das seine Widersprüche in brillant konsequenter Absurdität auflöst. Dem Schüler wird vom Meister ein Problem aufgegeben, entweder in Form einer Antwort auf eine seiner Fragen *(mondo)* oder als Gegenstand, über den er zu meditieren hat *(koan)* – eine Art Rätsel in jedem Fall, das auf konventionelle, vor allem intellektuelle Weise nicht gelöst werden kann.

In seiner unlogischen Formulierung und seinem paradoxen Inhalt dient der *koan* dazu, alle Programme und Konzepte niederzureißen, die den Fluss unserer Wahrnehmung möglicherweise noch hemmen, so dass sich eine direkte und ungehinderte Erfahrung der Wirklichkeit bilden kann, die wir im Yoga anstreben. Der Meister bringt den Schüler gewissermaßen in einen Engpass, in dem er zu kämpfen hat, bis er entweder verzweifelt auf- oder nachgibt oder – aufwacht. Ein klassisches *koan*, gegeben von Meister Hakuin, lautet: Wir wissen, was das Klatschen zweier Hände ist. Was aber ist der Ton des Klatschens einer Hand?

Das *koan* oder des Meisters verblüffende Antwort auf eine Frage sind Mittel, den Schüler ohne Umschweife direkt in eine Sackgasse zu führen, so dass die augenscheinliche Unlösbarkeit des *koan* vom Schüler eine äußerste Anstrengung in der Konzentration und Bei-der-Sache-bleiben verlangt. Es bedarf also wieder größter Disziplin, die Aufgabe des *koan* nicht einfach als absurde Spinnerei abzutun, sondern sich hundertprozentig darauf einzulassen und die vermeintliche Absurdität aus- bzw. offenzuhalten.

Alle diese *koans* haben eine mehr oder weniger einmalige Lösung, in jedem Fall jedoch einmalig für den Schüler, der sie im Verlaufe seines Yoga zu lösen beginnt.

Für Zen ist die herausfordernde Lehre des ›Erwachten‹, also des Buddha, dass es jedem Menschen möglich ist, von sich aus aus dem Dunkel seines Dahindämmerns zu erwachen, ans Licht des Bewusstseins zu treten und dadurch die Wahrheit in sich selbst zu entdecken. Der Rest der Lehre, wie wir sie in den Sutren des Buddhas aufgezeichnet finden, wird nur noch als bloßes Beiwerk angesehen.

Die Erfahrung des Zen ist die Erfahrung des *satori*. Und da diese Erfahrung letztlich alle Kategorien des reflektierenden ›Ich‹-Subjekts unterläuft, ist es auch nicht an irgendwelchen Abstraktionen und Konstruktionen interessiert. Es besitzt keine besondere Doktrin, keine ›Lehre‹ oder gar irgendwelche abgehobenen ›Regeln‹ oder Dogmen.

Gerade diese Freiheit von jeglichem festgelegten Glauben führt zur wirklichen Freiheit im *satori*, im *samadhi*. Chang-Hang-Chang: Ich folge keinem Pfad, / ich komme an.

Da Zen über keine eigentliche Lehre verfügt, ist es auch nahezu unmöglich, sein Wesen diskursiv zu erfassen. In den Worten von Meister Hui-Meng ist jeglicher Versuch, über Zen zu sprechen, der Versuch, »einer Schlange Füße anzukleben«. Mehr als jede andere Schule Ostasiens verachtet Zen geradezu den Gebrauch von abstrakten Begriffen und Worten. »Wenn einer fragt nach dem Weg«, sagt Chuang-Tzu, »und es antwortet ein anderer, kennt ihn von beiden keiner.«

Zen wird daher in einer einmaligen Weise vermittelt, die sich wohl der verbalen Kommunikation bedient, jedoch nicht in Form kommentierenden Redens über die Wirklichkeit, sondern als ein Weg des leibhaftigen, direkten Darauf-hin-Weisens.

Durch Letzteres zielt Zen darauf ab, das Widersprüchliche von Gedachtem bis auf die Knochen zu entblößen. Mit anderen Worten: Die Aufmerksamkeit wird im Zen von abstraktem Sich-über-die-Realität-Gedanken-machen, wie wir das hier in Europa kennen, umgelenkt zu einem bewussten Wahrnehmen dessen, was im Hier und Jetzt, im So-sein des Yoga-Weges leibhaftig geschieht.

Ein Mönch sprach Meister Kegon an: »Ich bin von weither gekommen, euch zu sehen. Würdet ihr mir gütigst ein Wort der Unterweisung geben?« Kegon antwortete: »Ich werde alt, und mein Rücken tut mir heute weh.«

Aus Gesprächen wie diesem *mondo* besteht der größte Teil der Zen-Literatur. Sie kann jedoch nicht erklären, was Zen ist; sie kann lediglich durch ein anteilnehmendes Mitvollziehen versuchen, das Wesen des Zen zu erschließen.

Ein Mönch fragte Joshu: »Was ist wahre Religion?« Der Meister antwortete: »Schau, die Zypresse im Garten.« Der Mönch aber sagte: »Das war nicht meine Frage. Ich frage nicht nach der Zypresse im Garten. Ich frage, was wahre Religion ist.« Joshu schwieg eine lange Zeit. Dann sagte er: »Schau! die Zypresse im Garten.«

Die höchst befremdlich anmutenden Antworten des Meisters, die in der Tat nicht das Geringste mit der gestellten Frage zu tun zu haben scheinen, sind im Grunde genommen Witze, die man entweder versteht oder nicht versteht; die Pointe zu erklären hieße, die Lachwirkung des *satori* zu verfehlen.

Ta-zan, der gerade an seinem Spinnrad sitzt, wird von einem Mönch gefragt: »Was ist echtes Verstehen?« Der Meister antwortet: »Drei Pfunde Flachs.« Was heißen soll: Aufzuwachen im Sinne des ›Erwachten‹, des Buddhas, bedeutet keinen Rückzug aus der Realität, in der wir hier und jetzt leben, in irgendeine jenseitige Welt, sondern eine tätige Teilnahme an den alltäglichen Dingen.

Dass das so ist, wurde von den alten Meistern gar nicht oft genug betont. Ihr Zuspruch liegt auf dem Erwecken und Erwachen, inmitten des alltäglichen Lebens, wobei dieses alltägliche Leben nicht nur den Weg der Erleuchtung, sondern die Erleuchtung, das Aufwachen selbst ›zeigt‹.

»… wie wunderbar dies, / wie unergründlich, / ich schöpfe Wasser, / ich sammle Holz« (Basho).

Erwachtzusein ist mit anderen Worten kein abgehobener Zustand, sondern die tätige Bewusstwerdungsbewegung von Selbst und Welt, die wir im Yoga erfahren, üben und im Alltäglichen praktizieren.

Meister Lin-Chi: »Sei ganz wie du bist, / Und gib dich nicht als etwas Besonderes. / Iss deine Nahrung, / Erleichtere deine Eingeweide, / Gieß Wasser nach, / Zieh deine Kleider an. / Wenn du müde bist; leg dich hin. / Unwissende mögen über mich lachen, / Der Weise jedoch wird mich verstehen.«

Die Betonung der Natürlichkeit und der Spontaneität im Zen-Yoga weist auf seine taoistischen Wurzeln hin. Sein Innerstes ist jedoch buddhistischer Natur: das Wissen um die Vollkommenheit der ursprünglichen Natur des Menschen, die jetzt eingepanzert ist, und die Erkenntnis, dass das Erwachen zugleich die Erinnerung der Ursprünge des Werdens und Vergehens ist.

Im Buddhismus gibt es keine Gottesvorstellung wie im Christentum. Auch die im Mahayana-Buddhismus entwickelte Idee der Leere ist eben nicht als Umschreibung eines ›Absoluten‹ zu verstehen, wie immer wieder behauptet wird. Ganz im Gegenteil: Die ›Vorstellung‹ bzw. ›Idee‹ eines allmächtigen Gottes erscheint dem Buddhismus nicht vereinbar mit dem Leiden der Welt, einer Welt, die, abstrakt gesehen, überhaupt keinen Sinn hat.

Buddha und Christus verbindet jedoch eine Gesinnungsethik: die unüberhörbare Betonung von Mitgefühl und Liebe. Weigert sich Der Buddha, uns eine Welterklärung zu geben, so trifft das für Jesus nur bedingt zu. Die wesentliche Verschiedenheit kommt jedoch erst in der ›Erleuchtung‹ Buddhas auf der einen Seite und dem durchaus rätselhaften Kreuzigungsgeschehen Jesu auf der anderen Seite zu, wobei Meister Eckhart sich nicht erst heute als Schlüsselfigur des philosophisch-religiösen Ost-West-Dialogs erweist.

Das Selbst bei Eckhart ist das einfach-einzige Selbst des Menschen und Gottes, wobei das Selbst – und hier rückt seine Erfahrung dicht an die des Zen heran – nur erschwiegen werden kann. Der Mensch, so Eckhart, muss zum ›Durchbruch‹ in dieses Selbst (im Nichtwollen, Nichtwissen und Nichthaben) gelangen, ohne aber das zeitliche Leben, nicht anders als bei Buddha, zu verlassen. Bei beiden trägt in erster Linie der Mensch Verantwortung für eine bewohnbare, wenn auch in jedem Augenblick vergängliche Welt.

Eckhart spricht jedoch immer noch von einem ontotheologischen Überbau her, der aber gerade vom Buddha abgelehnt wird, weil er uns immer wieder daran hindert, ›aufzuwachen‹. Das, was ich damit sagen will, schließt jedoch nicht aus, dass Eckharts Mystik heute ohne Zweifel einen wesentlichen Anknüpfungspunkt für unseren Dialog zwischen Ost und West darstellt.

Einerseits betonen die Mystiker wie Shankara, Buddha und

Eckhart die Unaussprechlichkeit ihrer Erfahrungen und die sich daraus ergebende Bedeutung des Schweigens, andererseits versuchen sie aber auch immer wieder, ihre unaussprechlichen Erfahrungen in oft die Alltagssprache weit hinter sich lassenden Wendungen auszusprechen. So finden sich nicht nur bei Buddha einerseits kühne sprachliche Neubildungen, andererseits ist seine und Eckharts Ausdrucksweise zugleich von einer bestrickenden Schlichtheit und Natürlichkeit, die kaum ihresgleichen in der Literatur findet, so dass ich sie zu lesen jedem dringend ans Herz legen möchte.

Unstrittig ist: Wir befinden uns heute nicht im Gleichgewicht, wenn wir es denn je waren, wobei wir heute viel über die materielle Welt wissen, aber seltsamerweise kaum etwas über uns selbst. Wir haben gelernt, in die unermesslichen Tiefen des Ozeans hinabzutauchen und zugleich in erstaunliche Höhen aufzusteigen. Dabei haben wir vergessen, nach uns selbst zu fragen. Wir sind uns im Grunde genommen verloren gegangen. Wir befinden uns infolgedessen heute auch in einem selbstmörderischen Zustand. Wir haben die Welt ›da draußen‹ erobert; wenn wir aber nicht total zugrunde gehen wollen, müssen wir uns selbst erst einmal wiederfinden, uns erobern. Der Zen-Yoga ist ein möglicher Weg dazu.

Wenn wir von *maja* bzw. *sansara* sprechen, meinen wir nicht die objektive Welt, die uns etwa die Wissenschaft vor Augen führt. Diese Welt ist die Welt der ›Vorstellungen‹, der ›Ideen‹, die ›Welt‹, die wir uns in unseren ›Gedanken‹ schaffen, um sie zu realisieren. Zu ihr hat Der Buddha sich nie geäußert, denn um sie ging es ihm nicht. Sie kannte er schließlich nicht zuletzt als Sohn eines der mächtigsten Fürsten seiner Zeit. Diese ›Welt des Verstandes‹, sofern sie die psychische Welt ist: Über sie hat Der Buddha hin und wieder zu seinen Schülern gesprochen, um sie darauf hinzuweisen, dass sie eine Illusion darstellt, also keine Wahrheit enthält. Der

Buddha wollte stattdessen immer wieder den innersten Kern unseres Seins ansprechen, weil seine Schüler, hierin hat sich bis heute nichts geändert, ständig mit ihrer Psyche beschäftigt waren. Erst wenn es uns gelingt, aus dieser Falle herauszugelangen – lehrte er –, lernen wir die wirkliche Welt und damit unsere Wahrheit kennen.

Wenn alle unsere tyrannischen Gedanken aufgehört haben, in uns ihr Unwesen zu treiben, wer sind wir dann? Was bleibt dann noch von uns übrig? Alle Gedanken in uns haben ihre Tätigkeiten eingestellt. Die uns ständig zur Verfügung stehenden Worte haben sich verflüchtigt – wir sind sprachlos geworden. Von diesem Zeitpunkt an sind wir im wahrsten Sinne des Wortes leer geworden, wir sind damit zu einer ›Nicht-Etwas-heit‹ geworden, so dass wir, bezogen jetzt auf uns selbst, vom ›Nicht-Selbst‹ sprechen können. Denn sobald wir noch von einem ›Selbst‹ sprechen, schwingt immer noch ein Gefühl bzw. ein Gedanke von einem ›Etwas‹ mit, das wir gewöhnlich ›Ich‹ nennen. Der Buddha benutzte daher nicht die Wörter *atta* und *atma* für Selbst. Er benutzte genau das gegenteilige Wort: ›Nicht-Selbst‹, *anatma*, *anatta*. Er betonte: Wenn denn die Vorstellungsproduktion einmal aufhört, bleibt kein ›Selbst‹ mehr übrig. Wir seien dann nur noch ein staubfreier Spiegel, der nichts mehr reflektiere. Meditation, der yogische Weg dahin, heißt daher: die uns begrenzende, uns permanent einengende ›Vorstellungswelt‹ zu verlassen, um dann den Raum des Nicht-Denkens betreten zu können.

Sich ausschließlich dem analytischen Denken hinzugeben, bedeutete schon für den Buddha Unbewusstheit, d. h. nichts zu merken, nichts zu wissen, schon gar nicht, wer wir selbst sind, die wir uns unablässig Gedanken machen und dennoch so tun, als wüssten wir es. Sich ausschließlich dem analytischen Denken hinzugeben bedeutet dem Buddha zufolge, nicht zu wissen, wohin wir gehen und dennoch immer noch so zu tun, als wüssten wir es, als wüssten wir, wozu das Leben bestimmt ist. Im Grunde wissen wir es nicht und dennoch glauben wir immer wieder, es zu wissen.

Inzwischen lebt die Welt weiter im Hass, in Zerstörungswut, in Gewalt, in Eifersucht, in einem mörderischen Konkurrenzkampf, in dem wir uns gegenseitig ständig an die Gurgel gehen: Jeder mordet, tötet – entweder tatsächlich, in Wirklichkeit, in Aktion oder im Kopf, in Gedanken. Die Folge: Die Schöpfung, in die wir hineingeboren wurden, ist eine Hölle; sie könnte jedoch, wie jeder weiß, für jeden ein Paradies sein.

So gilt immer noch: Wo sich ein großer Kampf, eine große Auseinandersetzung abspielt, da meinen viele, da sei etwas los. Wenn nichts los ist – kein Kampf, kein Streit –, dann herrscht ein Gefühl der Leere. Der Streit hält uns beschäftigt, er gibt uns Wichtigkeit. Das Leben scheint so endlich doch noch einen Sinn zu haben. Tatsache aber ist, dass dieser ›Sinn‹ schon sehr bald abhanden kommt.

Es bleibt uns also gar nichts anderes übrig, um Licht in unser Dasein zu bringen, als still zu werden, über den analytischen Verstand hinauszuwachsen, ihn zu transzendieren, um ›leer‹ und präsent zu werden: aufmerksam und wach.

Im Zen-Yoga vollziehen wir unsere Bewegungen innerhalb der Grundmetrik eines unendlichen Verhältnisses von *yin* und *yang*, *ha* und *ta*, von Himmel und Erde, wobei *yin yang* bedingt und *yang yin*, die Erde den Himmel und der Himmel die Erde. Die Eine.

In dem Maße, in dem ich selbst in diese Grundmetrik einschwinge, in dem Maße erfahre ich Einssein, Alleinsein – ich habe mich wiedergefunden.

Die Mitte ist das unverfügbare Ereignis – es ›er-eignet‹ Himmel und Erde, uns Menschen und die Götter, wobei die Götter in allen Kulturen jene unverfügbaren Boten des Heiligen sind, die Stifter der Feste und Tänze.

Diese Grundmetrik ist von uns gegenwärtigen Menschen aus gesehen aus dem Gleichgewicht geraten, um uns am Ende, wenn der Prozess so fortschreitet wie bisher, in den Abgrund zu reißen.

Die Mitte dieses unendlichen Verhältnisses wieder zurückzugewinnen, indem wir uns seiner erinnern, ist Aufgabe eines aus dem Zen-Geist lebenden Yoga. Dem steht heute der Wille zur Macht über Erde und Himmel, die Menschen (die Gewalt von Menschen über Menschen) und über die Götter entgegen, was uns aber nicht daran hindert, den Yoga-Weg einzuschlagen und zu gehen.

Âsanas-Mudras

Ich denke, jedem ist inzwischen der Unterschied zwischen den Körperhaltungen des Yoga und den Körperübungen im Sport bewusst geworden: Die *âsanas* sprechen nicht nur die äußeren Muskeln, sondern eher die tief liegenden Muskelschichten an. Denn es ist nun einmal die intrinsische Struktur, die die extrinsische ausbalanciert. Die inneren Muskeln liegen nahe am Knochen und helfen uns, beabsichtigte oder unbeabsichtigte Bewegungen einzuleiten. Die äußeren Muskeln liegen näher an der Oberfläche und besitzen ein wesentlich größeres Volumen. Optimal ist es, wenn die Spannkraft der inneren und der äußeren Muskeln ausgeglichen ist. Dabei entwickeln *âsanas* nicht nur das Körperbewusstsein, sie wecken genauso auch das innere Bewusstsein und regen dazu an, von unserer Daseinsmitte aus entspannte Ruhe zu gewinnen.

Wenn wir dieses Ziel anstreben, ist es wichtig, dass wir uns die Grundstruktur, d. h. das Gerüst des spezifischen *âsanas*, verdeutlichen, das wir zu Beginn einnehmen, um für die inneren Impulse der Haltung auch wirklich offen zu sein. Der korrekte Aufbau schafft Stabilität und eine gewisse Sicherheit, bewirkt einen Ausgleich der Muskelarbeit und schützt außerdem die Gelenke und die Wirbelsäule vor Verletzungen. Sobald der Aufbau nur im Sinne der äußeren Form der Haltung verstanden wird, besteht die Gefahr, dass die äußeren Muskeln überanstrengt werden, anstatt sie auf natürliche Weise von innen heraus zu vertiefen.

Ein solcher Aufbau bewirkt erwartungsgemäß eine Integration, d. h., ein Teil des Körpers wird in eine stimmige Relation zu einem anderen Teil gebracht, so dass die Bioenergie jetzt frei durch diese Bereiche fließen kann, was uns jenes Gefühl von Einheit und Durchlässigkeit vermittelt, das wir im Yoga suchen.

Ziel der Stehhaltungen etwa ist es, die Energie und Kraft der Beine durch das Becken an die Wirbelsäule weiterzuleiten, um diese leichter aufrichten und dehnen zu können. Damit das erfolgt, muss das Becken in eine adäquate Haltung zu den Beinen gebracht werden, was in einer sehr einfachen, aber auch subtilen Bewegung erprobt werden kann.

Wir nehmen dazu die Grundhaltung von *tadâsana* ein, stehen mit etwa zehn Zentimeter weit geöffneten Füßen und legen die Hände zur Kontrolle kurz auf die Hüften. Im Anschluss daran kippen wir das Becken nach vorn, so dass die Sitzknochen nach oben und hinten – und dadurch näher zur Hautoberfläche – gelangen. Wir spüren dann, wie sich der untere Rücken nach innen zieht und das Gewicht des Oberkörpers jetzt stärker im Lendenwirbelbereich lastet.

Schließlich kehren wir in *tadâsana* zurück und versuchen jetzt, die gegenteilige Bewegung auszuführen. Dabei pressen wir unsere Gesäßmuskeln zusammen und ziehen das Steißbein nach unten, so dass der Oberrand des Beckens nach hinten tendiert und die Lendenkurve abflacht. Wir spüren, wie jetzt die Sitzbeinknochen nach vorne geschoben werden und wie die obere Wirbelsäule mangels Unterstützung zusammenfällt. In dieser Position ist es schwierig, die Knie zu strecken bzw. die Rückseite der Beine zu dehnen.

Günstig ist es, zwischen diesen beiden Extremen die Mitte zu finden, also im *tadâsana* die Sitzbeinknochen zu den Fersen schauen zu lassen.

Ist das Becken aber erst einmal so ausgerichtet, balanciert die Wirbelsäule auf dem Kreuzbein und richtet sich folgerichtig leicht von unten nach oben auf.

Während sich die Beine nach unten dehnen und dadurch stärkeren Halt gewinnen, die Sitzbeinknochen sanft nach oben in Richtung Gesäßmuskulatur schauen, entsteht eine (entspannte) Festigkeit am unteren Gesäß, was sich dann auch auf die Muskeln der Oberschenkel überträgt. Spürbar ist jetzt, wie die Wirbelsäule von innen her ständig wächst und wie die Energie von den Beinen durch die Mitte der Wirbelsäule aufsteigt.

Sich dieser Zusammenhänge bewusst zu werden, ist Ausgangspunkt auch für *triconâsana*. Abgesehen von einer Stärkung der Beine, der Flexibilität der Hüften, der Anregung der Verdauung sowie der Ausscheidung, stellt sich gerade in Bezug auf dieses *âsana* erst recht die Frage, inwieweit diese Haltung einen positiven Einfluss auf die tief liegenden Muskelschichten ausübt.

Ich denke hierbei in erster Linie an den *psoas,* der eine einzigartige Verbindung zwischen dem Oberkörper und den Beinen bildet und dabei hilft, die Stabilität beim Aufrechtstehen zu bewahren. Weiterhin arbeitet der *psoas* beim Gehen, indem er hilft, die Beine zu heben. Entscheidend ist, dass nicht die Beine in einem ausgewogenen Körper mit der Bewegung beim Gehen beginnen, sondern dass die Beine die Bewegung unterstützen und ihr folgen.

Die Bewegung beginnt im Rumpf und wird durch den *psoas* in die Beine weitergeleitet. Durch die enge Verbindung des *psoas* zum Zwerchfell hat er auch einen Einfluss auf den Oberkörper: Jegliche Verspannungen oder Fehlfunktionen des *psoas* werden durch das Zwerchfell an den oberen Rumpf vermittelt, wo sie neben einer Beeinträchtigung des Atems Verspannungen im oberen Rücken und in den Schultern verursachen.

Da der *psoas* auch einen Einfluss auf wichtige Bereiche des autonomen Nervensystems ausübt, stellt er den Mittelpunkt eines inneren Muskelgeflechts dar, das den Körper regiert.

Von der integrativen Sichtweise aus hilft die Stärkung und Belebung der tief liegenden Muskeln also nicht nur, ein ausgewogenes Verhältnis von innen und außen herzustellen, sondern eröffnet so auch die Möglichkeit, mit der eigenen Mitte, dem »Genius in uns« (Marc Aurel), ständig in Verbindung zu bleiben.

Häufig ist die Hand genauso wie der obere Rücken, der Nacken und das Gesicht, von zahlreichen Spannungen durchsetzt. Die Hand ist schwer, steif, unruhig oder ganz einfach mit gänzlich anderem beschäftigt – Zeichen einer fehlenden Öffnung zur Welt und zum Mitmenschen, kurz: dem Dasein gegenüber verschlossen.

Durch ihre eigene Gebärdensprache geben die Hände Zeichen. Sie sprechen, sie drücken Gefühle aus und begleiten unsere Worte.

Der Daumen stellt einen machtvollen Finger dar. Ihm ist Gewalt über Leben und Tod verliehen. Cäsars erhobener oder gesenkter Daumen besiegelte bekanntlich das Schicksal eines Menschen.

Der Zeigefinger wird am häufigsten gebraucht. In eine Richtung ausgestreckt, bezeichnet er den Weg. Hochgehoben verlangt er das Wort; er lehnt ab durch Hin- und Herbewegen: Bald genehmigt er, bald richtet er. In die Höhe zeigend, bekundet er unseren Willen und unsere Autorität; mit dem Daumen einen Kreis beschreibend, wobei die anderen Finger erhoben sind, gliedert er eine Beweisführung.

Der Mittelfinger hat häufig eine sexuelle Bedeutung. Schon die Römer gebrauchten ihn als phallische Geste zur äußersten Beleidigung. Ein gespreizter Zeige- und Mittelfinger stellte das Siegeszeichen dar; eng an den Zeigefinger gelegt, während die übrigen Finger gebeugt sind, macht er das Zeichen des Segnens oder auch des Lehrens.

Der Ringfinger ist der Finger der Unschuld, Ehe und Liebe symbolisierend. Physiologisch ist er am wenigsten selbstständig. Er ist den anderen Fingern untergeordnet. Er wurde zu Heilungsriten eingesetzt.

Der kleine Finger ist der Finger des Geheimnisses und Herzens; ›das hat mir mein kleiner Finger gesagt‹. Haben zwei Menschen ihre kleinen Finger verflochten, so besiegeln sie ihr Einverständnis.

Dieser Finger ist auch dem Ohr zugesellt; er kann in das Ohr eindringen, weil seine geringe Größe dies zulässt. Sich mit den kleinen Fingern die Ohren zuzustopfen, war in alten Zeiten ein Mittel, um zu einer tiefen seelischen Erfahrung, ja sogar einer prophetischen Vision zu gelangen.

Die beweglichen und gut sichtbaren Hände sind häufig mit Juwelen und Ehrenzeichen geschmückt. In Indien verlangt ein alter Brauch, dass die zukünftigen Ehepartner sich die Hände mit einem Gemisch aus Henna und Tonerde bemalen. Die indischen Tänzerinnen malen ihre Fingerspitzen oft rot an, um die Wirkung ihrer Handbewegungen noch zu steigern. In der gleichen Absicht tragen thailändische Tänzerinnen extrem lange Verzierungen an ihren Fingern; im Westen ist uns die Sitte der lackierten Fingernägel natürlich vertraut.

Zuweilen haben diese Schmuckformen eine anerkannte Bedeutung: Lange Fingernägel zu tragen, bedeutete einst in China, dass man keine Handarbeit zu machen brauchte. In einer Anzahl von Kulturen besaßen sie auch einen religiösen Sinn. So haben die Hände ihre Sprache, die durch die Gebärde zum Ausdruck kommt. Sie ist nicht einfach nur eine Handbewegung. Sie entsteht aus dem Leib – die Hände vollenden sie –, so wie ihr tiefer Sinn darin eingeschlossen ist und nachdrücklich besiegelt wird.

Die Lehre von den Handgesten ist im Yoga gleichbedeutend mit der *mudra*-Lehre.

Im Sanskrit bedeutet *mudra*: Siegel. Es begleitet im Ritual stets das geheiligte Wort: das so genannte *mantra*. Indem es als Zeichen aufgefasst wird, verleiht es den Ritualen Autorität, verbunden mit magischen Wirkungskräften. Die Hand ist ein Siegel, das die Signatur der Dinge in sich trägt.

Symbolisch stellt die rechte Hand die Buddhawelt dar, die linke die der Menschen. Jedem Finger ist – wie angedeutet – eine Eigenschaft zugesprochen, wobei der *Daumen* mit dem unendlichen Raum, der Leere, dem Äther verbunden ist; der Zeigefinger mit dem Element Luft und Wind; der Mittelfinger mit dem Feuer; der Ringfinger mit dem Wasser und der kleine Finger mit dem Element Erde.

Die *mudren* sind vor allem ein Wesensbestandteil des indischen Tanzes, der unmittelbar mit Shivas kosmischem Tanz in Verbindung steht. In den Händen des Tänzers läuft gleichsam das ganze Universum zusammen, um aus ihnen dann erneut wieder auseinander zu streben. In ihnen entstehen und entschwinden die Dinge.

Nur wenige *mudren* möchte ich hier nennen:

1. *Abhaya-mudra*

Schutz, Segnung, Abwesenheit von Furcht: erhobener rechter Arm, leicht gebeugt, die Hand in Schulterhöhe, alle Finger gedehnt und die Handinnenfläche nach außen gewendet.

2. *Anjali-mudra*

Begrüßung: Die Hände werden gefaltet und in Höhe des Herzens gehalten.

3. *Bhumnisparsa-mudra*

Um die Erde zu bezeugen: Der rechte Arm hängt bis über das rechte Knie herab, die Handfläche wird nach innen gekehrt; die abwärts gedehnten Finger berühren den Boden *(yin)*. Die linke Hand wird schließlich nach oben hin offen in Nabelhöhe gehalten.

4. *Samadhi-mudra*

Meditation: Die beiden Hände ruhen ungefähr in Nabelhöhe, die Handflächen sind nach oben gewendet und die rechte Hand liegt in der linken.

5. *Varada-mudra*

Geste der Wunschgewährung: Die Hand ist gestreckt, wobei das nur für den Zeigefinger und den kleinen Finger gilt.

6. *Uttarabodhi-mudra*

Geste der Höchsten Erleuchtung: Die Hände werden zusammengelegt, die Zeigefinger nach oben gestreckt, indem sie sich berühren.

7. *Varada-mudra*

Mitgefühl und Erbarmen: Der rechte Arm sinkt herab, alle Finger werden bzw. sind gespannt und die Handfläche nach außen gedreht.

8. *Vitarka-mudra*

Beweisführung: Der Arm ist gebeugt, alle Finger angespannt, leicht nach innen gekrümmt, der Zeigefinger berührt leicht den Daumen.

Die Hand ist durch ihre schöpferische Kraft Wesensbestandteil des Menschen, der in diesem Körper, gleichbedeutend mit schwingender Energie (Inbegriff der Materie), inkarniert ist. Die Hand wirkt bei der Entwicklung seiner Identität mit, sobald das Kind Kontakt zur Welt aufgenommen hat und die Dinge berührt. Die Hände sind bedeutende Energieträger und so in der Lage, Energie auch an andere weitergeben zu können. Sie sind, oder genauer gesagt, sie können heilsam sein. Das setzt jedoch bei uns selbst – wie auch beim anderen – innere Transparenz voraus.

Die Hände bieten in jeder Hinsicht eine Sprache an. Ihre Gebärden gliedern und modulieren die Rede. Sie sind die ›Handwerkszeuge‹, um uns verständlich machen zu können. In den Religionen sind sie die Grundlage geheiligter Symbole. Sie bezeugen die Einheit des Seins: Offene Weite. Der Weg dahin bedeutet ein Sich-öffnen, Loslassen.

Bei Borges las ich folgende Geschichte: Eines Tages sagte der Buddha zum Affen, einem Tier, das als listig und intelligent gilt: Wenn du mit einem Satz aus meiner Handfläche springen kannst, werde ich dir den Thron des Jadekaisers geben. Der Affe nahm daraufhin alle Kraft zusammen und machte einen gewaltigen Satz, so dass man ihn sofort aus den Augen verlor.

Er landete an einem Ort, an dem fünf rosafarbene Säulen standen, und glaubte, schon ans Ende der Welt gesprungen zu sein. Er rupfte sich daraufhin ein Haar aus, tauchte es in Tusche und schrieb auf den Sockel der mittleren Säule: Der Große Weise, dessen Wissen so weit ist wie der Himmel, ist hier gewesen. Mit einem neuerlichen Satz kehrte er an seinen Ausgangsort zurück und sagte zum Buddha: Ich bin gesprungen, ich habe deine Hand verlassen, und jetzt bin ich dorthin zurückgekehrt. Gib mir nun den versprochenen Thron. Du hast meine Handfläche gar nicht verlassen, erwiderte der Buddha. Sieh nur! Der Affe senkte die Augen und blickte auf die Handfläche; da las er auf dem unteren Ende des Mittelfingers den Satz: Der Große Weise, dessen Wissen so weit ist wie der Himmel, ist hier gewesen.

Unser Leben prägt uns oder hat uns geprägt, es ist in unseren Körpern ständig gegenwärtig – in unseren Haltungen, in unseren Bewegungen, in unseren Verspannungen und Schmerzen.

Unser Körper hat seine eigenen Erinnerungen und offenbart nicht nur unsere persönliche Geschichte, sondern auch die Welt unserer Träume und Sehnsüchte.

Wir nutzen diese Informationsquellen, unseren Körper – aber nicht nur ihn –, um uns verstehen und erkennen zu lernen, wer wir sind und was wir brauchen. Denn Offenheit, Achtsamkeit, Ja zum Leben zu sagen und Vertrauen in den Prozess der inneren Weisheit zu gewinnen, sind die Voraussetzungen eines Yoga, der uns zu uns selbst führt und in eins damit uns die Wirklichkeit, in der wir leben, erschließt.

Der Sprung im Yoga

Auf dem Weg des Yoga begeben wir uns ins Ungewisse: das zu suchen, was nicht gefunden werden kann, zu erkennen, was nicht erkannt, zu erreichen, was nicht erreicht werden kann. Unter dieser Paradoxie leben wir, wenn wir uns auf den Weg zu uns selbst begeben. Aber nur wer durch bewusstes Bemühen Bewusstheit erlangt, wird erwachsen. Der Mangel an Bewusstheit stellt den Kern der gegenwärtigen Katastrophe dar.

Unsere Welt ist von Robotern bevölkert, die nicht wissen, was sie tun, weil sie kein Bewusstsein besitzen. Sie sind überall dort anzutreffen, wo derzeit Unheil angerichtet wird: im Waffenhandel, bei der Organisation von Völkermorden und bei der Entwicklung lebensfeindlicher Technologien. Die völlige Abwesenheit von Bewusstheit lässt die Energien des wissenschaftlich-technischen Fortschritts, der in vielerlei Hinsicht segensreich ist und auch weiter unter ganz bestimmten Umständen segensreich sein wird, außer Rand und Band geraten. Wir erkennen heute im Fortschritt »die irrationale Dynamik des Machbaren« (C. F. von Weizsäcker).

Wir Yogis leben in dieser Welt, üben uns darin, von ihr nicht abhängig, nicht geschluckt zu werden. Insofern ist diese Welt für uns eine Schule, in der man alles lernt, vor allem eben dies. In ihr erlernen wir nicht nur Bücherwissen, sondern auch, wie wir in ihr unser Leben transformieren können. Den Yoga-Weg zu gehen, bedeutet in diesem Sinne daher immer wieder: Bewusstheit zu erlangen, gleichbedeutend mit Erwachen. Der Schlaf, die Träume sind jetzt vorüber, unsere ungerechtfertigten Sehnsüchte sind verschwunden.

Glücklichsein, sich ›rund‹ fühlen, folgt dem erwachten Bewusstsein, Unglücklichsein dem schlafenden. Wenn wir eines Tages dann auch noch das Verlangen nach Glück hinter uns lassen, also frei von äußerem Glücks- und Unglücksverlangen werden, tritt jene entspannte Ruhe und Stille ein, die nichts mehr erwartet, nichts mehr verlangt, nichts mehr ersehnt – die Jagd nach den Schatten hat dann endlich aufgehört. Vor uns entfaltet sich Offene Weite. Wir beginnen dann zu verstehen und zu begreifen, dass wir es selbst sind, die unser Glück ständig im Nirgendwo suchen, obwohl es schon längst in uns existiert und zur Erfüllung drängt.

Dabei ist es immer wieder die Suche nach Glück, die uns blockiert, blind und taub macht. Wir können daher sagen: Wenn jene Sehnsucht nach Glück allmählich verschwindet, taucht eine Dimension auf, die unsere ›Idee‹ und unsere ›Vorstellung‹ vom Glücklichsein weit übertrifft. Wir sehen dann, wer wir eigentlich sind und was es mit uns auf sich hat. Wir begreifen dann, dass wir unser so genanntes Glücklichsein ständig ›herstellen‹ und ›bewerk-stelligen‹. Was wir stattdessen ab sofort ›tun‹ können: im Zustand des Nichtstuns im Tun zu verweilen. Dann und nur dann, lehrt der Yoga, tritt die entspannte Stille und Ruhe ein.

In diesem Hervortreten, in diesem Kommen, in dieser Gegenwart von Stille und Ruhe vollzieht sich schließlich unsere Transformation in jenes Ungewisse, Unbekannte, Unvertraute und Unversicherbare, das sich jedem noch so starken Verfügungswillen widersetzt. In diesem Sinne praktizieren wir Yoga, Zen-Yoga.

In dem Maße, in dem wir uns auf den Yoga einlassen, in dem Maße gerät alles in Fluss, ja wir selbst erfahren uns in einem ständigen Fließen. Dieses Fließen bedeutet: Wir tauen auf, jede Definition bezüglich unseres Selbst hört auf. Wir leben nicht mehr wie bisher eingezwängt wie in einem selbsterrichteten Gefängnis. Unser Sein ist nicht mehr begrenzt, ja in unserem tiefsten Inneren sind wir nicht mehr als dieser oder jener hier. Wir haben uns atmend ins Fließen, in den Fluss unseres Atmens aufgelöst.

In Analogie dazu sind zwei Liebende, wenn sie sich in tiefer Umarmung lieben, auch nicht mehr zwei Menschen. Sie stellen vielmehr ein und denselben Energiekreislauf dar, in dem die Frau vergisst, dass sie eine Frau oder ein Mann ist, und in dem der Mann vergisst, dass er ein Mann oder eine Frau ist. Wenn sich dieser Moment noch nicht eingestellt hat, indem sich dieses Ereignis vollzieht, haben wir noch nicht wirklich gelebt, noch nicht wirklich geliebt. In tiefer Liebe lösen wir uns auf.

Das Sein kennt keine Geschlechterunterschiede. Das Sein des Menschen ist weder männlich noch weiblich. Die gleiche Methode, die den Mann zu seinem inneren Selbst führt, führt auch die Frau zu ihrem inneren Selbst. Hier geht es vielmehr um den inneren Zeugen, um den inneren Beobachter, wobei das, was wir beobachten, keine Rolle spielt: Ob man einen weiblichen oder einen männlichen Körper besitzt und eine weibliche oder eine männliche Psyche beobachtet, ist gleichgültig. Die Betonung liegt auf dem Beobachter, und der Beobachter ist nun einmal geschlechtslos. Dass erfahrungsgemäß die Frau dabei viel entspannter und viel ausgeglichener ist als der Mann, dass der Mann heute in sich eine tiefe Unausgewogenheit birgt, spielt bei dieser Frage keine Rolle.

Menschen, die nur ihren physischen Körpern leben, leben ständig nur ›in action‹, in, wie Heidegger gesagt hat: Machenschaften. Ihr Leben ist ein atemloses Ausweichen, ein Herumtasten zwischen dem einen oder dem anderen, wobei die dabei häufig zur Anwendung kommenden Suchtmittel (wie Alkohol) nur Fluchtmittel darstellen, sich dieser Situation nicht stellen zu müssen. Sie kennen nichts anderes.

Wenn wir uns aber unsere Psyche vergegenwärtigen, gewinnen wir einen Einblick in unser *Nicht-Tun*. Das ist das, was sich in der Meditation ständig ereignet. Wenn wir stillsitzen *(zazen)* und überhaupt nichts tun, steigt in uns eine subtile Freude aus dem Nichts auf, eine grundlose Freude, die, wenn wir weiter ›sitzen‹, uns eines Tages auch zu unserer eigentlichen Essenz, zu unserer Wahrheit jenseits von Tun und *Nicht-Tun* führt.

Alles löst sich in diesem Zustand auf, alles gerät ins Fließen, jede Dualität, vornehmlich die von Subjekt und Objekt, verschwindet. Wir haben dann verstanden. Wir müssen jetzt nicht noch irgendwo hingehen, um die Wahrheit, unsere eigene Wahrheit zu finden; wir tragen sie schon mit uns herum, ohne es bisher bemerkt zu haben. Wir waren ihr schon immer nahe, obwohl wir sie fern von uns, (etwa im ›Osten‹) ständig gesucht haben. Dieser Osten, dieses Indien, ist mit anderen Worten in uns schon längst anwesend.

Ich kann daher auch keinem von uns die Wahrheit in die Hand ›geben‹. Was ich kann: Jeden ständig auf sich selbst zurückzuwerfen, so wie ich es auch mit mir selbst ständig tue. Die gesuchte Wahrheit, sprich: Weisheit, liegt in uns verborgen, sie ist da, sie braucht nicht erst irgendwo da ›draußen‹ mühselig gesucht zu werden. Wir brauchen uns also nur auf uns selbst endlich einzulassen.

Der Homo Faber, identisch mit dem heutigen Wissenschaftler, sucht und forscht ununterbrochen nach etwas. Das Projekt selbst spielt dabei schon gar keine Rolle mehr, auch wenn er glaubt, er müsse sich unbedingt dafür ›einsetzen‹, ja sein ganzes Leben dafür in Selbstlosigkeit ›drangeben‹.

Ich vermute, dass es sich auch hier bloß um eine Ersatzhandlung handelt. Dass der so genannte Wissenschaftler in Wirklichkeit etwas ganz anderes sucht, das – wie gesagt – jedoch nicht erst gesucht zu werden braucht und das er auch nur finden kann, wenn er mit dem Suchen endlich aufhört.

Das wird nicht möglich sein, wenn wir uns vorher nicht Klarheit darüber verschaffen, was wir denn eigentlich suchen und worin unser Motiv für unsere Anstrengungen besteht. Sucht der Wissenschaftler tatsächlich die Wahrheit oder sucht er nicht vielmehr nur die Anerkennung (seiner Kollegen), und damit sehr häufig verknüpft die Befriedigung seiner Eitelkeit oder unter Umständen einfach nur die Macht, die ihm sein Wissen zu verleihen scheint?

So gibt es Menschen, die geldgierig sind, solche, die wissensgierig sind, solche, die gottgierig und solche die machtgierig sind, solche die manngierig sind und solche, die fraugierig sind. In allen diesen Fällen handelt es sich um neurotische Identifikationsmuster, von denen sich zu lösen naturgemäß nicht leicht ist, wenn man nicht bereit ist, sich den damit verbundenen Lebenskrisen zu stellen. Gier ist nun einmal Gier, es macht überhaupt keinen Unterschied, was für eine Gier das ist und wonach wir gierig sind.

Jede lebensverneinende Auffassung – wie Gier und Hass – würgt unsere Lebensenergie, unsere Emotionen, unsere Vitalität nicht so sehr durch Gewalt ab, sondern durch Schuldgefühle und Ängste, die wir in uns entwickeln bzw. sozialisationsbedingt internalisieren. Das kann dann u. a. dazu führen, dass wir jede Freude am Leben verlieren oder sie schon längst verloren haben.

So operiert u. a. auch das christliche Denken mit der geradezu teuflischen Idee, dass das wahre Leben erst nach dem Tode beginnt und das Leben auf diesem wunderschönen Planeten im Vergleich zum Leben im Himmel im Grunde ein Nichts sei. Wir leben im »unreinen Fleisch«, merkwürdigerweise verflucht durch die Erbsünde Adams. Der Körper gilt nichts, die Seele dafür alles. Das Leben sei zu verurteilen, bis der Erlöser wiederkomme, um uns ins gelobte Land zu führen: durch unseren Tod und zu unserer Auferstehung.

Wir müssen uns derartiger Konditionierungen gegenwärtig bleiben, die unser Denken und Handeln seit Jahrtausenden prägen und immer noch prägen. Seit Jahrtausenden wurden wir von einer Gesellschaft programmiert, die sich verzweifelt an ein Glaubenssystem klammert, damit unser Leben in seiner Ganzheit überhaupt erst einen Sinn erfährt. ›Gott‹ ist bis heute in solchen merkwürdigen abstrakten Systemen gewissermaßen die Hauptsäule, die alles trägt, gewissermaßen die Zentralhypothese, weil wir offenbar immer noch nicht akzeptieren können, dass das Universum nicht von allein existieren kann: ›Jemand‹, also ›Gott‹, muss es doch geschaffen haben!

Unsere europäische Kultur ist offenkundig unfähig, Dinge einfach geschehen zu lassen. So ist sie ständig dabei, uns zu manipulieren und uns an ›Vorstellungen‹, ›Ideen‹ und wie man heute sagt, ›Leitbilder‹ zu binden, die mit uns als Menschen überhaupt nichts zu tun haben. So unterdrückt unsere Kultur u. a. auch unsere sexuelle Energie, obwohl sie weiß, dass sie uns gerade dadurch zur Raserei treibt und uns zu Mördern werden lässt. Denn die Sexualenergie ist nun einmal die stärkste Energieform in uns Menschen und – wie Freud gezeigt hat – unzerstörbar. Sobald wir das im Yoga zu durchschauen lernen und unser Körper sich wieder in eine fließende Lebensenergie aufgelöst hat, beginnen wir uns wieder frei von solchen Manipulationen zu erkennen, das heißt, uns unserer eigenen Mitte, unseres Zentrums zu erinnern, von dem aus gesehen es in der Peripherie auch kein eigentliches Leben gibt, sondern nur inhaltslose Handlungen (so genannte Ersatzhandlungen), wir können auch sagen: kein Sein.

Gerade deshalb fällt es uns auch so schwer, nichts zu tun. Wir fangen sofort wieder an, ›irgendetwas‹ zu tun, sobald sich – auch auf unseren Übungsmatten – wieder eine Pause zeigt.

Zeitungen, Radio, Fernsehen, Schlafen. Wir verweilen merkwürdigerweise keinen Augenblick im Nichtstun. Die Mitte aber, die trotzdem jeder auf seine Weise sucht, wird jedoch nun einmal nur erfahrbar, wenn wir im Nichtstun auch verweilen können. Dann erfährt unser Leben sofort eine neue Qualität: Jede Handlung, jede Beziehung gewinnt von nun an eine neue Bedeutung, sie gewinnt Tiefe. Jeder Versuch, uns noch mit irgendetwas anderem identifizieren zu wollen, fällt von uns ab. Wir sind angekommen.

Im Zen sprechen wir von einer Revolution nicht nur unserer Denkungsart, sondern auch und erst recht im Hinblick auf unser Handeln. Diese Revolution ist gleichbedeutend mit einem ›Sprung‹ aus unserem bisher peripher verlaufenden Weg, der im Kreis verlief, in einer Art Teufelskreis, in dem jeder Schritt mit dem folgenden schon in einem kausalen Zusammenhang stand: ad infinitum. Wir sprechen dann gewöhnlich von einem Prozess, der uns jedoch in Sackgassen führt. Dagegen ist der ›Sprung‹ von der Peripherie zum Zentrum, zur genannten Mitte, keine Fortsetzung des Alten mehr. Im Grunde genommen auch schon kein eigentlicher Schritt mehr … Er ist neu – ohne ›Ursache‹, ohne ›Wirkung‹, ohne erneutes ›Warum‹.

Natürlich ist das für den Anfänger auf dem Yoga-Weg schwer zu verstehen. Denn wir alle haben ja gelernt, dass jedes Ereignis eine ›Ursache‹ und demzufolge auch eine ›Wirkung‹ haben muss. Nur so können wir auch die einmal erforderliche Gewissheit und Sicherheit gewinnen, auf die unsere Zeit aus ist. Wenn sich ohne ›Grund‹ etwas ›ereignen‹ kann, ohne eine ›Ursache‹ zu haben, gibt es für uns selbstverständlich auch keine Gewissheit. Dann gibt es auch keine ›Gesetze‹ mehr. Und wenn es keine ›Gesetze‹ mehr gibt, die anwendbar sind, versinkt natürlich alles – und ich gleich mit – in eine gähnende Leere, in ein Chaos!

Das Denken und Nachdenken in der Peripherie ist ohne jeden Zweifel logisch. Es bewegt sich ›folge‹-richtig. Das ist dann so und so –, und darum wird es auch so und so sein und geschehen. Die ›Ursache‹, der ›Grund‹, die ›Ratio‹ steht nach den Gesetzen einer einmal so verabredeten Logik dabei schon längst fest. Folgen wir dieser Logik, haben wir es mit einem ganz bestimmten, nämlich ›festgelegten‹ Ablauf zu tun, in dem bestimmte Voraussetzungen gleich mit gegeben sind. Folglich ›folgen‹ daraus dann bestimmte Ergebnisse, die natürlich auch gleich wieder – und dies: ohne jede Abweichung richtig sind. Folglich gibt es dann natürlich auch keine Lücken und auch keine Freiheiten mehr. Alles hat sowohl in der Zukunft als auch in der Vergangenheit seinen ›Grund‹, seine ›Ursache‹; in ihr ist ein ursächlicher Wirkungszusammenhang schließlich folgenschwer ›begründet‹.

Das analoge Denken hingegen, das vorwiegend im Yoga praktiziert wird, ist ein völlig anderes Denken. Es ›springt‹ von einer Sache zur anderen und zwar mit Hilfe von Vergleichen und nicht durch logische Schluss-Folgerungs-Ketten. Ich sage z. B.: Ich bin in jemanden verliebt und verfasse vielleicht ein Gedicht, in dem ich sage: ›Meine Geliebte ist wie der Mond‹. Hier gibt es also keinen ursächlichen Zusammenhang zwischen dem Gesicht meiner Geliebten und dem Mond dort oben. Beide stehen in keiner Beziehung zueinander. Es handelt sich demzufolge jetzt um das, was wir gewöhnlich einen Vergleich nennen. Ich bin von einem Punkt zu einem anderen Punkt ›gesprungen‹, ohne den Weg in irgendeiner ›gesetz‹-mäßigen Folge zurückgelegt zu haben.

Jeder religiöse Text besteht aus eben solchen Vergleichen in ›Sprüngen‹. Das ist auch der Grund dafür, warum etwa Der Buddha, Jesus und andere Mystiker ständig in Parabeln gesprochen und keine logischen Beweise angetreten haben. Sie sprachen nicht auf der Ebene der ›instrumentellen Vernunft‹.

Diese Reden weisen uns stattdessen auf eine Wahrheit hin, die – wovon sich jeder überzeugen kann – wesentlich ursprünglicher und häufig auch viel scharfsinniger ist als die rationale, auch wenn dieses Denken sicher nur von denen verstanden wird, die sich in solche Vergleiche auch hineinversetzen können. Denn Vergleiche hängen nun einmal nicht von unserem logischen Denkvermögen ab, sondern von unserem Einfühlungsvermögen und davon, ob wir den ›Sprung‹, der hier vollzogen wird, auch wirklich nachvollziehen können.

Um einen solchen ›Sprung‹ handelt es sich im Yoga. In diesem Augenblick befinden wir uns noch in der Peripherie, plötzlich aber im Zentrum, ohne einen besonders weiten Weg zurückgelegt zu haben. Die Energie, die wir dazu benötigen, erwerben wir durch unsere tägliche Praxis. Insofern handelt es sich auch in dem alles entscheidenden Augenblick nicht so sehr – wie man denken könnte – um eine Explosion, sondern viel eher um eine Implosion. Aber das wird uns, wenn wir denn erst einmal ›gesprungen‹ sind, auch nicht mehr so sehr interessieren. Wir leben von nun an in unserer Mitte, in unserem Zentrum. Ich kann dabei etwas helfen. Aber vollziehen muss diesen Sprung schon jeder selber.

Zazen – Stilles Sitzen

Wir sitzen still, wir befinden uns in *Zazen*, mit halb oder ganz geschlossenen Augen und beobachten den rhythmisch ein- und ausströmenden Atem, einschließlich der jeweiligen Pausen bzw. Atemwenden.

Die beobachtende Wahrnehmung kann sich erst einmal auf alles Mögliche richten, etwa auf unsere Emotionen und Gedanken, die vor unserem inneren Auge vorbeiziehen. Durch dieses Beobachten werden wir uns des eigentlichen ›Beobachters‹ oder ›Wachenden‹ bewusst. Am Ende gewinnen wir die Einsicht, dass das Beobachtete im Grunde der Beobachter ist. Diese Bewusstseinsebene bzw. -stufe bildet schließlich die Hintergrundsebene für alle von uns wahrgenommenen Erscheinungen.

Wenn wir durch das Feuer der Meditation und durch die uns dabei ständig heimsuchenden Krisen hindurchgehen, sie annehmen und nicht verdrängen, wird alles, was nicht zu unserer authentischen Wirklichkeit gehört, wird alles, was wir uns bisher nur ausgeborgt haben, ›verbrannt‹. Was übrig bleibt, ist unsere wirkliche Essenz.

Die wenigsten wollen jedoch durch dieses ›Feuer‹ gehen, weil wir in der Meditation zuallererst geradezu bedrohlich unser Alleinsein erfahren – und im Alleinsein unsere Freiheit – und wiederum in unserer Freiheit unsere Unabhängigkeit: weil unser Bewusstsein in der Stille unseres Sitzens jetzt keine andere Beschäftigung mehr findet. Wir werden in dieser Stille immer wieder auf uns selbst zurückgeworfen.

Im Alleinsein fangen wir an, uns auf uns selbst zu besinnen. Wir können nirgendwo mehr hingehen, uns nicht mehr ausweichen. Sobald dann unser Bewusstsein den Kreis schließt, wir zu unserer Quelle zurückkehren, von der wir unseren Anfang nahmen, ist unser Leben schon nicht mehr das alte, das unbewusste Leben. Denn das jetzt auf sich selbst gerichtete Bewusstsein vertreibt – allmählich oder plötzlich – alle Dunkelheiten aus den Ecken und Ritzen unseres Seins; wir erfahren vermutlich zum ersten Mal ›das Reich Gottes‹ in uns.

Was wir brauchen, ist Mut, in diesem wesentlichen Sinne: allein sein zu können, ohne Landkarten, Straßennamen, ohne Wegweiser oder Meilensteine. Unser Erwachen ist schließlich die Erfahrung der Göttlichkeit, die keinen Gott weder als Subjekt noch als Objekt mehr braucht; einen anderen Gott gibt es nicht.

Meditation setzt mit anderen Worten das eigentliche Potential in uns frei. Das eigene Potential zu verwirklichen, ist letztendlich die einzige Moral, die es gibt. Das Potential zu verwirken und weiterhin in Dunkelheit zu leben und der geistigen Beschränktheit zu verfallen, ist hingegen die einzige Sünde, die existiert – die Quelle alles Bösen.

Meditation lehrt uns: Bevor in unserem Verstand eine Regung, eine Versuchung auftaucht, über jemanden zu urteilen, schauen wir in uns selbst hinein. Wir finden dann die gleiche Person auch in uns.

Diese ›Erkenntnis‹, von der Buddha spricht, zeigt uns: Es geht in Wirklichkeit nicht darum, den anderen zu verurteilen, sondern vorrangig uns selbst zu transformieren.

Bei alledem, was wir tun, ist das, was wir unseren Willen nennen, nur nötig, weil wir nicht wirklich leben. Der viel beschworene ›Wille‹ muss uns immer wieder aufrichten, aber wir sacken immer wieder zusammen. TAO lehrt, ohne jeden Willen mit Freude zu leben. Lebendig zu sein ist eine derartige Kraft, dass wir durch sie nicht nur leben, sondern auch andere durchaus zum Leben erwecken können.

Menschen, die ganz im Hier und Jetzt leben, kennen kein ›Gestern‹ und kein ›Morgen‹ mehr; sie haben keine Zeit dazu, über beides ständig nachzudenken oder sich Sorgen zu machen. Meditation setzt schon nach kurzer Zeit die notwendige Energie in uns frei, so dass wir weder auf eine Utopie noch gar auf ein Paradies zu hoffen brauchen; denn jeder Augenblick – das wird zu unserer Erfahrung – ist längst ein Paradies für sich, vor das sich hin und wieder nur ein paar Wolken schieben.

> Im Auge heißt es Sehen
> Im Ohr heißt es Hören
> In der Nase riecht es
> Im Mund führt es Gespräche
> In der Hand fasst es an, packt es zu
> In den Füßen läuft und trägt es.
>
> Meister Rinsai

Stilles Sitzen – Offene Weite – das ist der Weg der Zen-Yogis. Das Außergewöhnliche im Gewöhnlichen, das Alles im Jetzt, das Ganze in diesem zu finden: *tathata.*

Das Ziel, das wir verfolgen: zu unserem eigenen inneren Sein aufzubrechen, unser ›Urgesicht‹ zu sehen – was der Fall ist, wenn das ›Ich‹ verschwunden ist. Bis dahin kleben wir an unseren ›Vorstellungen‹ und ›Ideen‹, ohne zu merken, dass es sich eben nur um ›Vorstellungen‹ bzw. ›Ideen‹ unseres ›Ichs‹ handelt, das sich unentwegt ›Vorstellungen‹ macht (es kann sich gar nicht anders verhalten) und sich ihnen hingibt.

So haben wir uns u. a. auch die Zeit zu einer Vorstellung ge›macht‹, sie aus praktischen Erwägungen in Sekunden, Minuten, Stunden, Tage, Wochen, Monate und Jahre eingeteilt, ohne eigentlich zu wissen, was sie selbst ist. In Wirklichkeit hängt die gestundete Zeit, von der wir inzwischen so vollständig abhängen, dass wir nicht mehr wissen, woher wir sie ›nehmen‹ sollen, von unserem Geisteszustand ab, der, wie jeder von uns weiß, zurzeit nicht der beste ist.

Wir ›erreichen‹ unser yogisches Ziel letztendlich auf dem Weg der Meditation, des *Zazen*. Im Grunde ›erreichen‹ wir nicht das Ziel, wir lernen vielmehr, dass wir all das, was wir bisher beharrlich festgehalten haben, nur loslassen müssen – vorrangig uns selbst. Wir geben mit anderen Worten jedes Anhaften auch und erst recht an uns selbst auf.

Wir erkennen dann, dass alles, was ist, im Grunde leer, ja bodenlos ist; dass es keine Materie im Sinne einer in sich fest und dauerhaft gefügten Ursubstanz gibt, sondern nur tanzende Energieteilchen, die in einem einzigartigen Formenreichtum zusammentreffen, um sich sofort wieder voneinander zu entfernen, will sagen: auseinander zu fallen; dies trifft für alles zu, was uns begegnet, in erster Linie für uns selbst.

Aus Angst vor diesem Abgrund in uns, vor dieser Bodenlosigkeit, suchen wir immer wieder eine dauerhafte Substanz, einen archimedischen Punkt in uns oder außerhalb von uns, mit anderen Worten Gewissheit und Sicherheit. Wir versuchen diese ›Leere‹ zu überspielen, um häufig nach wenigen Augenblicken schon wieder zu begreifen, dass diese Suche vergeblich ist, ja mehr noch: uns in unserem selbst errichteten Gefängnis einbunkert.

Möglicherweise haben wir uns an dieses Gefängnis inzwischen schon so sehr gewöhnt, dass wir gar nicht mehr wissen, was ein Leben außerhalb unserer Gefängnismauern, also ein Leben in Freiheit eigentlich bedeuten könnte, so dass das gewohnheitsmäßige Denken uns weiter erbarmungslos festhält.

Dieses Denken besteht im ›Ich-Wahn‹, in der ›Vorstellung‹, dass wir uns permanent behaupten müssten, dass Leben, wie Nietzsche behauptete, Wille zur Macht, und Wille zur Macht eine Übermächtigung sei. Wenn wir diesen Wahn erst einmal durchschaut haben – und das kann nur über den Meditations-Weg gelingen, können wir auch der Grundforderung des Zen-Yoga entsprechen: los-zu-lassen. Der Wahn und die damit verbundene Verkrampfung verschwindet schließlich auf der Stelle.

Dieser ›Ich-Wahn‹, der sich heute im Machtwillen der Neuzeit zeigt, ist der Grund aller unserer derzeitigen Probleme, da wir auf diesen Wahn unsere Ideenwelt ›rational‹ und ›logisch‹ aufgebaut haben, wobei unsere Rationalisierungspraxis heute so weit geht, dass wir den täglich praktizierten Wahn schon für die Normalität unserer Alltagswelt halten.

Wir vergessen immer wieder, dass diese Sekunde schon nicht mehr diese Sekunde ist. Dass sie auch nicht schon die zukünftige ist. Dass all das, was ist, sich im Wechsel, sich im Fließen befindet, auch wenn wir immer wieder aus den genannten Gründen versuchen, das, was wir in diesem Augenblick erfahren, festzuhalten, nach Möglichkeit wissenschaftlich fest-zu-stellen und fest-zu-legen, technisch aus-zu-bauen und zu reproduzieren versuchen. Wir versuchen unentwegt, gerade diese Illusion noch weiter zu stabilisieren, ›abzusichern‹ – aus Angst vor Unsicherheit. Und dann geschieht das Merkwürdige: Sobald wir auf derartige Rationalisierungen verzichten, verschwinden sofort unsere bisherigen Ängste und damit auch unsere Schwierigkeiten, die wir mit uns herumtrugen, weil keiner mehr da ist, der sie noch ›haben‹ könnte. Anders formuliert: Wir werden unser ›Urgesicht‹, von dem einst der 6. Patriarch Hui-neng sprach, nur dann erkennen – jenes ›Erkenne Dich selbst‹ des Sokrates – wenn wir endlich ins Unversicherbare aufbrechen, uns dem Ungewissen bewusst anvertrauen.

Der Yoga-Weg ist identisch mit dem Zen-Weg des Fallenlassens all dessen, was wir ›haben‹ bzw. immer aufs Neue ständig ›haben wollen‹. Wir sind nie ganz wunschlos glücklich. Zu diesem ständig Neuen – das auch immer außergewöhnlich sein muss – gehören sowohl die materiellen als auch die immateriellen Dinge wie Ruhm, Anerkennung und vor allem auch Liebe. Dabei sehen wir, bedingt durch das gesellschaftliche System, in dem wir leben, bedingt durch dessen vorrangig sozioökonomische Struktur, vor lauter ›Habenwollen‹ nichts anderes mehr als nur noch dies, so dass unser Verhalten uns selbst und anderen Menschen, ja der Wirklichkeit gegenüber, völlig irrational verläuft. So verschmelzen unser Verhalten und die gesellschaftliche Struktur miteinander. Aus dem ›Haben-wollen‹ wird ›Macht-wollen‹ und aus dem Machthaben-wollen brutale Gewalt.

Merkwürdig genug: Bei all unserem Streben nach Glück bleibt immer wieder ein wesentliches Defizit bestehen, ein Mangel bei all unseren Unternehmungen, so dass wir uns ständig ›unerfüllt‹ fühlen, bis wir endlich – auf häufig schmerzliche Art – begreifen lernen, dass wir als Erstes uns selber finden müssen, dass die Erfüllung unseres Daseins nur in uns liegt.

Bis wir zu dieser Einsicht gelangen, bleiben wir selbstverständlich weiter im Strudel unserer Wünsche, Begierden und Enttäuschungen gefangen, wobei es ohne jeden Zweifel sehr schwer ist, aus dieser Situation herauszukommen, weil wir alle mehr oder weniger im gleichen Irrtum befangen sind. Auf dieses Faktum weist Kalu Rinpoche hin, wenn er sagt: Obwohl es möglich ist, die eigene Existenz aus freiem Entschluss heraus »zu entwickeln, haben nur wenige Menschen daran (ein) Interesse. Als Ergebnis führen sie meist ein Leben dauernden Wettbewerbs und permanenter Frustration – alles wegen ihrer Begierden.«

Um aus dieser ›verkehrten Welt‹ herauszukommen, müssen wir, wenn es uns tatsächlich ernst damit ist, wirklich ›umkehren«, so dass unser Blick endlich auch wieder für alternative Lebensentwürfe frei wird.

So wies auch Ayya Khema, einer der bedeutendsten Buddhas unserer Zeit, immer wieder darauf hin, dass, wenn wir Lösungen für die Probleme unserer Zeit suchen, es einzig und allein auf uns selbst ankomme, weil nur aus unserer eigenen »inneren Fundgrube, die wir (stets) mit uns tragen«, die Lösungen kommen können, denn wir besitzen Weisheit genug in uns, wir müssen sie nur freisetzen.

So müssen wir uns auch immer wieder zu Bewusstsein bringen, dass wir in einem zweiwertigen Regelsystem denken und handeln, ja unser ganzes Sein einschließlich unseres gesellschaftlichen Miteinanderseins, danach ausrichten. Solange wir das nicht wirklich in aller Klarheit zu durchschauen gelernt haben, werden wir auch nicht in der Lage sein, unser Denken und unser Leben wirklich grundlegend zu verändern.

Als Sozialwissenschaftler analysiere ich gesamtgesellschaftliche Prozesse. Das gelingt mir mal gut, mal weniger gut. Als Yogi, der sich dem Yoga- bzw. Zen-Weg verschrieben hat, bin ich aber erst in der Lage, den ganzen Trug aus Gier, Hass und Selbstverblendung, von dem wir Menschen namentlich in Westeuropa heimgesucht werden, zu durchschauen und erst einmal mich selbst davon zu lösen und zu befreien. Gerade als Wissenschaftler begreife ich, dass sich mein zweiwertiger, im Grunde ein-dimensionaler Verstand nur jener Wörter, Begriffe und Kategorien bedient, die er über Jahrzehnte hinweg angesammelt hat. Das wiederum begreife ich aber erst, wenn ich verstanden habe, dass ich über das Eindimensionale hinaus gelangen kann, indem ich mich auf mich selbst besinne, und dazu gehört, still zu werden.

Diese Stille wird nur in der Meditation allgegenwärtig, wobei es für den, der meditiert, darauf ankommt, die Aufmerksamkeit von den Wörtern allmählich auf diese Stille, auf dieses Zentrum hin zu lenken, das immer schon da ist und nicht erst erworben werden muss. Was sich einstellt, ist Leerheit in dem oben bezeichneten Sinne, wolkenlose Klarheit und ein unbeschränktes Gewahrsein.

Von hier aus begreifen wir, dass wir in einem dualistischen Bezugssystem leben, das uns schon so zur Gewohnheit geworden ist, dass wir uns nur noch schwer vorstellen können, uns von seiner Diktatur befreien zu können. Natürlich werden wir dieses Denken auch noch weiter praktizieren, aber wir wissen jetzt doch wenigstens, dass es sich hier um ein im wahrsten Sinne des Wortes ›beschränktes‹ Denken handelt, von dem keine Transformation im Sinne eines Erwachsenwerdens, Mündigwerdens, ausgehen kann.

Diese einmal gewonnene Einsicht verändert natürlich unser Leben von Grund auf – ein neuer Lebensabschnitt beginnt. Dieser verwandelt unser bisher von außen bestimmtes Denken und Handeln in ein authentisches Denken und Handeln. Meditation lässt uns dann einen Seinszustand gegenwärtig werden, der sich allein im Verstehen erschließt, das von vornherein auf kausalanalytische Festlegungen verzichtet; solche Festlegungen würden sofort wieder Bewusstseinsverengungen bewirken und Bewusstseinsklarheit von vornherein verhindern.

Stilles Sitzen – *Zazen* – entspannt im Hier und Jetzt. Wir tun nichts und öffnen uns unserem Atem in vollkommener Achtsamkeit. Sobald wieder irgendein Tun hinzukommt, entstehen sofort wieder Spannungen und sofort sind auch wieder unsere quälenden Besorgnisse zur Stelle.

Uns quälen wieder Fragen wie diese: Wie stelle ich dieses oder jenes an, um in einen meditativen Zustand gelangen zu können? Wie erreiche ich dieses heiß ersehnte Ziel so bald wie möglich? Wie vermeide ich den eventuellen Misserfolg? Schon bin ich wieder weg von mir! Meditation heißt nun einmal nur, zu sein, ›da‹ zu sein, ohne irgendetwas zu tun bzw. aus sich irgendetwas zu ›machen‹. Haben wir also erst einmal jede Form als leer, jeden Klang und jedes eindimensionale Denken als leer erkannt, sind wir von jedem Anhaften befreit und erfahren jetzt nur noch ein unbeschränktes, dynamisches, erleuchtetes Gewahrsein.

Tritt diese Einsicht ein – allmählich oder plötzlich, spielt dabei keine Rolle – so begreifen wir, dass unsere bisherigen Tätigkeiten zu neunzig Prozent völlig sinnlos und überflüssig waren und nur dem fragwürdigen Zweck dienten, unsere Zeit und damit unser Leben totzuschlagen und uns beschäftigt zu halten. Ich nenne das mit Freud Ersatzhandlungen.

Von jetzt ab konzentrieren wir uns nur noch auf Wesentliches. Wir bleiben so gleichzeitig ruhig und tätig in diesem neu gewonnenen Sinne.

Wir öffnen uns unserem Atem, wir öffnen uns dem Himmel, dem grenzenlosen Raum in uns und außerhalb von uns, um zu erkennen, dass es hier keine Trennlinien gibt.

Wir öffnen uns der Erde, auf der wir miteinander still sitzen. Wir erfahren so jene kreative Offene Weite, die so ›weit‹ ist, dass alle wissenschaftlich-technischen Konzepte und Konstrukte, die ganze konventionelle Realität, in der wir leben, mitsamt den Gewohnheitsmustern, die uns ständig voneinander trennen, darin verschwinden und völlig bedeutungslos werden. Wir erfahren dann, dass in dem Maße, in dem wir die in uns verborgene Weisheit, ein anderes Wort für ›Licht‹, zulassen und sie so von den Nebelschwaden unseres eingeschränkten Bewusstseins befreien, wir uns selbst schließlich als Teil jener Offenen Weite erfahren, die Gewahrsein, Vernehmen, Wahrnehmen, Lichtheit und Klarheit bedeutet, ohne die wir jetzt nicht mehr leben möchten, weil sie im wahrsten Sinne des Wortes Erfüllung bedeutet.

Der Stufengang der Selbsterkenntnis

Wir haben bisher den Yoga von den verschiedensten Gesichtspunkten aus erfahren. Das hängt u. a. davon ab, was wir als Anfänger oder Fortgeschrittene von ihm erwarteten und was für ein Vorverständnis wir schon mitbrachten. Es hing ganz sicher aber auch davon ab, wie weit wir dazu bereit waren und sind, uns auf uns selbst einzulassen. Wir haben dabei sehr schnell die Erfahrung gemacht, dass in dem Maße, in dem wir uns auf uns selbst eingelassen haben, sich auch der Yoga veränderte. Wir haben darüber hinaus die Erfahrung gemacht, dass in dem Maße, in dem sich unsere Wahrnehmung und zugleich auch unser Bewusstsein über uns und die Wirklichkeit erweiterte, auch unsere *âsanas* und *pranayamas* ihre Bedeutungen veränderten, so dass wir die uns schon längst vertrauten *âsanas* gewissermaßen immer wieder neu aneignen mussten. Das bedeutet, dass wir immer Anfänger sind und bleiben; ich bewerte diese Situation positiv.

Natürlich leben wir auch jetzt noch in einer Atmosphäre, in der wir immer noch gegen ›etwas‹ sind, in der wir jammern, verurteilen, neinsagen und in der wir ständig etwas zu verpassen glauben – obwohl es doch vor unserer Nase liegt. Für viele sollten die Dinge auf keinen Fall ›so‹ sein, wie sie nun tatsächlich sind.

Allmählich lässt aber auch das nach. Wir sehen ein, dass wir mit unserem ständigen gegen irgendetwas sein viel Energie verschwenden, indem wir künstlich Spannungen aufbauen, die uns jedoch nicht wesentlich weiterhelfen.

Aber nicht genug damit. Wir verwenden durch unser ständiges Lamento auch viel Zeit darauf, nicht nur die eigene

Situation, sondern auch die mit uns lebenden Menschen zu manipulieren, um letzten Endes immer wieder enttäuscht zu werden, weil jede Manipulation notwendigerweise enttäuscht werden muss. Wir Menschen sind nicht Gott und leben heute schon gar nicht auf einem Bewusstseinsniveau, das uns Experimente dieser Art erlauben würde. Damit komme ich insbesondere auf die Frage nach dem Stand unseres gegenwärtigen Bewusstseins zu sprechen.

Sehr allgemein formuliert ist der Yoga dadurch charakterisiert, dass er eine Bewusstseinslehre impliziert, die wir hier in Europa so nicht kennen.

Nach der Yogalehre existieren, grob gerechnet, fünf Bewusstseinsstufen bzw. -ebenen *(chakren)*, die wir auf unserem Yoga-Weg allmählich durchschreiten.

Die erste Stufe besteht in flüchtigen Einblicken in das, was ist und in denen eine Öffnung, eine Bewusstwerdung für wenige Augenblicke – eher zufällig – geschieht. Diese Stufe setzt uns als ›Sucher‹ schon voraus: durch alle Krisen, welcher Art auch immer, durch alle Niederlagen und Enttäuschungen hindurch, den Yoga-Weg als Weg zu einem wesentlich erweiterten Bewusstsein überhaupt gehen zu wollen.

Auf der zweiten Stufe erfolgt eine Verstetigung erster Einblicke und damit der Beginn, jene ›Öffnung‹ erst einmal so lange offen zu halten bzw. offen halten zu können, wie wir wollen – und dies im steten Alleinsein. Auf dieser Stufe erfolgt das Suchen schon wesentlich bewusster. Auch werden die Vorkehrungen, sich auf dieser Stufe halten zu können, schon genauer getroffen. Nach und nach sind wir in der Lage, diese Bewusstseinsstufe und die mit ihr einhergehenden Einsichten dann auch schon bewusster herbeizuführen: in der Entspannung, in der wir uns jetzt in die damit eröffnete Offene Weite hinein loslassen, unterstützt durch die Betrachtung einer Rose und eines Flusses. Was geschieht, ist Einblicknahme und vorübergehendes Bleiben in der Offenen Weite.

Auf dieser Bewusstseinsstufe müssen wir uns aber immer erst wieder einstimmen. Wir sind nicht ununterbrochen schon auf sie eingestimmt; an manchen Tagen fällt es uns leicht, an anderen wesentlich schwerer. Am frühen Morgen ist es einfacher, am Abend häufig sogar unmöglich. Aber wenn es erst einmal möglich geworden ist, geschieht es zu jeder Zeit und an jedem Ort.

Auf der dritten Bewusstseinsstufe wird die zweite zur natürlichen. Wir begreifen jetzt, dass wir im Grunde ein ständiges Werden zu uns selbst sind. Jetzt findet ein ständiges Transzendieren statt, sowohl im Hinblick auf den aufrechten Gang als auch auf eine aufrichtige Haltung. Wir begreifen spätestens von dieser Stufe an, dass wir immer wieder ins Unversicherbare aufbrechen müssen, wenn wir diesen aufrechten Gang auch wirklich leben wollen.

Aufgrund dieses Faktums existieren in uns nach wie vor die schon mehrfach genannten Ängste, Spannungen, Konflikte und Krisen. Aber wir wissen jetzt schon: Entweder fallen wir wieder unter unser bisheriges Bewusstseinsniveau zurück oder wir werden jetzt gezwungen, über unser bisheriges Bewusstseinsniveau hinauszugehen. Uns in diesen Konflikten, Spannungen und Krisen verstehen zu lernen, bedeutet, uns schließlich auch in unserem wirklichen Menschsein verstehen zu lernen, wobei wir gerade dies nunmehr als das eigentliche Abenteuer unseres Lebens zu begreifen beginnen.

Als Kind befinden wir uns noch im Vorbewusstsein, in einem Bewusstsein, das sich noch nicht auf den Weg gemacht hat. Noch ruhen wir in uns selbst und sind glücklich, uns wie ein Geschenk der Natur zu empfinden. Als Kind sind wir uns mit anderen Worten unserer selbst noch nicht wirklich bewusst. Aber in dem Augenblick, in dem wir über dieses Stadium hinauswachsen, verstehen wir, was wir verloren haben –

offensichtlich etwas immens Wertvolles. Von diesem Zeitpunkt an beginnt unsere Suche, die Suche nach der verlorenen Kindheit: der verlorenen Zeit.

Jeder von uns trägt die Erinnerung an seine Kindheit mit sich, auf irgendeine Weise, vielleicht nicht immer bewusst. Aber es arbeitet doch in uns, dass da inzwischen wohl doch etwas sehr Wichtiges vergessen wurde und von uns vermisst wird, so dass wir danach zu suchen beginnen. Noch wissen wir als Kinder nichts von Verantwortung, gar von Pflichten, nichts von Werten oder gar Tugenden; wir leben noch in einer Art ursprünglicher Einheit. Im Alter von drei bis vier Jahren wachsen wir dann in die zivilisierte Welt hinein. Noch haben wir keine Vorstellung von ›gut‹ und ›böse‹, so dass wir auch noch keine wirklich ernst zu nehmenden Konflikte kennen. Unsere Wünsche sind noch offen. Was immer wir begehren, begehren wir leidenschaftlich, total, wobei unser Verstand kein Problem damit hat, ob das, was wir so heiß begehren, ›richtig‹ oder ›falsch‹ ist. Wann immer wir eine bestimmte Laune haben, leben wir diese Laune auch aus.

Wir besitzen noch keine Identität. Unser Verhalten ist unvorhersehbar. Gerade waren wir noch liebevoll, was immer das heißt, im nächsten Augenblick sind wir wütend. Wir leben völlig inkonsequent und widersprüchlich, denn wir leben dem jeweiligen Moment entsprechend: ›wahr‹. Nicht, dass uns dies bewusst wäre; diese Verhaltensweise ist uns nur natürlich.

Auf diese Weise durchleben wir als Kind alle Stufen, die der Mensch als Gattungswesen im Verlaufe der Zeiten schon durchlebt hat. Die Wissenschaftler sagen, dass wir während der neun Monate im Mutterleib Millionen von Jahren der Evolution noch einmal durchleben würden; ob das wirklich so ist, weiß ich nicht; auf jeden Fall haben wir bei unserer Geburt noch keine ›Idee‹ von uns selbst, noch keine Zukunft und natürlich auch noch keine Vergangenheit: Wir leben in der

Gegenwart – ohne irgendeine Disziplin oder gar Ordnung. Wir wachsen von Monat zu Monat, von Jahr zu Jahr in das gesellschaftliche, kulturelle Bewusstsein hinein. Die Familie und die Gesellschaft, das Land, der Staat werden jetzt wichtiger als wir selbst. Ein Kind ist selbstorientiert; es denkt im Grunde nur an sich und kümmert sich infolgedessen auch um nichts anderes; es lebt, was manche Eltern ärgert, ausschließlich selbstbezogen.

Im nächsten Schritt beginnt es schon an andere zu denken und seine eigenen Interessen unter Umständen sogar schon zurückzustellen. Es wird so Teil der Gesellschaft, in dem es jetzt sozialisiert, geprägt und erzogen wird.

Es wächst in diesem Stadium in seine Verantwortung hinein. Es beginnt zu lernen, dass es eben keine Insel ist, sondern Teil einer Familie, einer Gesellschaft und einer Kultur. Was es jetzt erwirbt, ist eine bestimmte Identität, etwa als Christ, als Moslem oder als Jude, als Deutscher, als Franzose oder als Italiener; es ›gehört‹ jetzt zu einer Gruppe, zu einer Nation und übt auch schon eine bestimmte Funktion in der Gesellschaft aus. Schließlich bekennt es sich möglicherweise auch schon zu einer bestimmten Lebensauffassung bzw. Weltanschauung.

Wichtig ist nun, dass derjenige, der an diesen oder ähnlichen Identitäten festhält, schon recht bald in seiner Entwicklung stehen bleibt. So wird er in diesem Stadium nicht schon wissen, wer er denn eigentlich selbst ist; er besteht, genau betrachtet, nur aus einer Anzahl von vielleicht notwendigen Etiketten, was ihm in den wenigsten Fällen aber nicht bewusst wird. Diese Etiketten sind nützlich, um als Mitglied in dieser Gesellschaft funktionieren zu können. Aber sie offenbaren nichts über seine innere Wirklichkeit; diese bleibt davon noch unberührt.

Auf dieser Bewusstseinsstufe bleiben die meisten von uns stehen. Und die Gesellschaft (hier als Subjekt verstanden) will natürlich auch nicht, dass wir über diese Bewusstseinsstufe hinauswachsen. Ganz im Gegenteil: Sie setzt alles daran, dass wir uns auf dieser Stufe häuslich einrichten und von ihr abhängig bleiben. Sie hat uns ›pflichtbewusst‹ und ›verantwortlich‹ erzogen und uns Werte mitgegeben, die ständig darüber befinden sollen, was für uns gut und was für uns weniger gut ist. Sie hat uns zu Funktionsträgern gemacht und uns in ihr Gefüge, in ihre Struktur eingeordnet. Sie hat uns gewissermaßen erkennungsdienstlich ›erfasst‹, so dass wir nun Zeit unseres Lebens auch nicht mehr aufhören, Routinen nachzugehen, unsere ›Bürde‹ zu tragen – und dies ohne irgendeinen Grund. Wir leben gewohnheitsgemäß in Ängsten, Traurigkeiten und im psychischen Elend, dem das physische in Form von Krankheiten bald nachfolgen wird.

In diesem Stadium unserer Bewusstseinsentwicklung ist es durchaus möglich, dass wir in der Gesellschaft ›angesehen‹ sind, dass wir ›respektiert‹ werden und dass uns auch die notwendige ›Ehre erwiesen‹ wird: als Ausgleich für die gesellschaftlichen Lasten, die wir tragen, wobei – und das ist das Seltsame – viele von uns dafür ihr ganzes Leben zu opfern bereit sind!

Da wir uns auf dieser Stufe nicht persönlich nur irgendeiner Gruppe, einem Beruf gegenüber verantwortlich fühlen, fahren wir zu ›sterben‹ fort – ohne (und auch das ist seltsam) je wirklich gelebt zu haben. Wir existieren auf dieser Ebene nur als Teile eines großen Mechanismus – gesellschaftlich ›leistungsfähig‹, aber weitgehend unkreativ. Wir leben von uns und der Wirklichkeit entfremdet.

Auf dieser Stufe akzeptieren wir häufig auch die bei uns noch existierende patriarchalische Lebensform, in der der Vater wichtiger ist als die Mutter. Daher ist die bedingungslose Liebe auf dieser Bewusstseinsstufe der Entwicklung auch unbekannt. Die Gesellschaft ›respektiert‹ uns jedoch nur so lange, solange wir ihrem patriarchalischen Herrschaftsanspruch gerecht werden. Sobald wir uns diesem widersetzen, wird sie uns ihren Respekt versagen und uns auf subtile Weise stigmatisieren und ausgrenzen.

Im nächsten Schritt, wenn wir zum Bewusstsein der eigenen Individualität gelangen, erkennen wir: Die Identität besteht nicht mehr im noch Dazugehören, nicht mehr darin, dass wir Juden, Christen, Moslems oder Buddhisten, Deutsche, Franzosen, Polen oder Amerikaner sind, sondern wir selbst. Wir beginnen jetzt – häufig durch Lebenskrisen ausgelöst – aus unserem eigenen Zentrum, aus unserer Mitte heraus zu leben. Niemand kann uns noch etwas aufzwingen; auch wir wollen keinem mehr etwas aufzwingen, noch ihn auf irgendeine Weise manipulieren. Wir respektieren die Freiheit des anderen, so wie wir unsere eigene ergreifen. Sowohl der ›Vater‹ als auch der ›Gott‹ ist für uns tot. Verantwortung – und zwar die persönliche – erwächst jetzt nur noch aus uns selbst. Die Folge ist ein waches, kreatives Bewusstsein, durch das unser Leben erst seinen Sinn gewinnt.

Diese dritte Bewusstseinsebene herrscht gegenwärtig auf dem ganzen Planeten bzw. wir bleiben in ihr gewöhnlich stecken. Wann immer sich heute etwas zum Positiven hin verändern soll, müssen wir, auch wenn es uns noch so schwer fällt, über diese Stufe hinausgehen. Erst dann ist mit einer Entspannung im umfassendsten Sinne des Wortes zu rechnen; wir verschwinden dann jenseits von Subjekt und Objekt in uns selbst und all die Energie, die bislang noch im ›Ich‹ gebunden wurde, wird freigesetzt. Wir treten – um das bereits erwähnte Thema wieder aufzunehmen – in das Studium des Matriarchats ein. Die Mutter wird jetzt unter Umständen wichtiger als der Vater. ›Gott‹ ist jetzt nicht mehr Er, sondern wird eine Sie. Über das Leben wird nicht mehr entsprechend der aristotelischen Logik nachgedacht, sondern entsprechend der in uns jetzt wirksamen Liebe. Das Ja kommt wieder ins Leben zurück: auf einer neuen Bewusstseinsebene. Es wird uns nicht mehr von der Außenwelt auferlegt, sondern kommt jetzt authentisch aus uns selbst.

Diese vierte Bewusstseinsstufe ist die des Bewusstseins der kreativen Offenen Weite, auf die hin eine generelle Umwertung der Werte erfolgt. Alles, was ist, kommt jetzt nur noch aus unserem inneren Kern bzw. Wesen: als Vorstufe der fünften Bewusstseinsebene, die jetzt, wenn wir über die vierte hinausgewachsen sind, auch noch diese transzendiert. Denn auch nur zu ›denken‹, dass es die Vierte ist, bedeutet, dass es da eben noch ›etwas‹ vor-zu-stellen ›gibt‹, was wir noch nicht wirklich hinter uns gelassen haben. Denn wenn die Offene Weite total ist, gibt es schließlich nichts Individuelles, aber auch nichts Universales mehr. Wir sind dann nur noch reines ›da‹-sein: *sat*; wir sind dann nur noch reine Bewusstheit: *chit*. Und wir sind dann nur noch reine Glückseligkeit: *anand*. Es gibt keine Ängste mehr, keine Spannungen und auch nicht eine Spur mehr eines neurotischen Verhaltens. Alles das ist vergangen, der Alptraum und Wahn, unter dem wir so lange lebten und litten, ist zu Ende. In dieser Wahrheit ist Buddhaschaft oder lebt (für Christen) Christus.

Wahr ist, wir müssen jede einzelne Stufe durchlaufen und können, ja dürfen nicht eine einzige überspringen; wir bleiben sonst irgendwann und irgendwo stecken.

Ein Schüler von Rinzai kam zum Meister und sagte: »Ich bin eins geworden mit dem Ganzen. Was kommt als Nächstes?« Der Meister warf ihn hinaus und sagte: »Jetzt werde diese Idee los, dass du eins geworden bist mit dem Ganzen. Werde diese Idee los, – sie ist die letzte Hürde.«

Ein anderer Schüler sagte zu Rinzai: »Ich habe das Nichts erreicht.« Und Rinzai erwiderte: »Lass es fallen. Lass auch das noch fallen.«

Der Übungsweg des Zen-Yoga

Die erste Stufe der Selbsterkenntnis erreicht jeder von uns, die zweite erreichen neunundneunzig Prozent aller Menschen; die dritte erreichen nur noch höchstens fünf Prozent; die vierte nicht einmal mehr ein Prozent und die fünfte natürlich noch viel weniger. Nur einmal wird ein Buddha und ein Christus geboren; aber die fünfte Stufe ist und bleibt auf dem Yoga-Weg das anvisierte Ziel. Entscheidend ist, dass jeder seinen Weg zu mehr Bewusstsein geht, immer weitergeht, langsam, von Stufe zu Stufe, von der ersten zur zweiten, zur dritten, von der dritten zur vierten und dann zur fünften. Mit anderen Worten: vom Vor-Bewusstsein, wie wir mit Freud sagen, zum gesellschaftlichen, von dort zum individuell-gesellschaftlich konditionierten, von dort zum individuellen und von da endgültig zur Offenen Weite, schließlich zur fünften Bewusstseinsstufe, die jede ›Vorstellung‹ und jede ›Idee‹ – auch die der Offenen Weite – hinter sich lässt.

Auf der ersten Bewusstseinsebene sind wir nicht einmal in der Lage, irgendetwas wirklich zu verstehen, weil wir noch nicht gelernt haben, genau zuzuhören.

Auf der zweiten Bewusstseinsebene können wir zwar schon zuhören, verstehen aber noch nichts wirklich.

Auf der dritten Bewusstseinsebene verstehen wir zwar schon etwas, aber dem können wir häufig noch nicht wirklich folgen.

Auf der vierten Bewusstseinsebene können wir zwar schon folgen, aber häufig eben nur folgen. Erst auf der fünften ist das Bewusstsein schließlich zu sich selbst gelangt; Bewusstheit wurde erlangt. Auf dieser Ebene haben wir aufgehört, noch weiter in unseren Erinnerungen zu leben; wir erinnern uns jetzt an die Vergangenheit nur noch für praktische Zwecke. Entscheidend ist, dass wir nicht weiter *in* unseren Erinnerungen leben; die Vergangenheit ist in der Tat vergangen. Von nun an erinnern wir uns nur noch in unserem Alltag, in unserem Beruf an sie; aber wir leben nicht mehr in ihr und aus ihr – in dem, was war. Wir leben nur noch im Hier-Jetzt, in dieser Gegenwart. Dasselbe gilt natürlich auch für die Zukunft, die noch gar nicht begonnen hat. Um sich selbst und die Wirklichkeit, in der wir leben, zu finden, müssen wir mit anderen Worten unsere Vergangenheit hinter uns lassen. Denn das Neue, eigentlich Kreative, kann sich nur einstellen, wenn das Alte verschwunden ist.

Um zur vierten Bewusstseinsstufe aufzusteigen bzw. das Bewusstsein so weit zur Entfaltung zu bringen, ist letzten Endes eine besondere Anstrengung erforderlich. Sie ist erforderlich, um unser Sein zu transformieren und zur Mitte werden zu lassen – was bedeutet, jetzt all das loszulassen, was immer noch in uns Dunkelheit schafft und was uns doch schon hilft, ein wenig von jener Offenen Weite und Sicht in uns zuzulassen, die wir benötigen, um anzukommen. Auf dieser Entwicklungsstufe muss die Tür geöffnet, müssen die noch bestehenden Mauern niedergerissen werden, um dann die nächstfolgende, die ›Vierte‹ erkunden zu können. Auf dieser Transformationsebene geht es um das Bemühen, endgültig all das fallen zu lassen, was dazu beiträgt, dass wir wie Automaten leben. Sobald wir diese Existenzweise aufgegeben haben, werden wir eins mit dem Ganzen; ob Gott dann noch existiert oder nicht, spielt für uns dann auch keine Rolle mehr.

Sobald mit unserem bisherigen Automatendasein auch unser ›Ich‹gesteuerter Wille fällt, erfahren wir eine bislang nie dagewesene Freude in Hinwendung zu allem, was ist. Wir erfahren eine bislang nie empfundene Ekstase, die sich durch jenes Nichtstun im Tun im Sinne Laotses einstellt. Wir werden der Tatsache gewahr, dass die gegenwärtige Welt, unser Leben, hoffnungslos in einer eindimensionalen Logik festsitzt, ohne dass sie im Entferntesten noch etwas von dem erfahren könnte, was wirklich das Menschsein und sein In-der-Welt-Sein ausmacht. Nicht, dass wir nicht auch weiterhin logisch argumentieren, wo es, wie in der Wissenschaft, angebracht ist. Entscheidend ist nur, dass wir über diese praktizierte Existenzweise jetzt hinauswachsen.

Mit jedem Tag erfahren wir etwas Neues, wenn wir erst einmal jede Form von Routine durchbrochen haben. Wir erfahren, dass wir uns verändern, indem Neues an die Oberfläche unseres Bewusstseins gelangt; vor allem unsere Einsichten vertiefen sich.

Mit jedem Tag nehmen wir durch die *âsanas* und *pranayamas*, die wir praktizieren, mehr wahr; wir sehen und hören, fühlen, riechen und schmecken mehr. Dadurch verändert sich selbstverständlich unsere Lebensqualität – die Rettung aus der derzeitigen Gefahr, in der wir uns befinden. Wir können Zusätzliches von Buddha, Pantanjali, von Jesus und Mohammed lernen. Aber all dies hilft uns nicht weiter, wenn wir nicht durch alle unsere Krisen hindurch unseren Übungsweg *(sadhana)* gehen. Kein anderer Mensch oder gar Gott, kein noch so gut gemeintes Schicksal transformiert uns, wenn wir uns nicht selbst auf uns einlassen. Im Grunde ist es auch gut, dass niemand dies für uns tun kann. Denn wenn das möglich wäre, wären wir Gegenstände und eben keine Menschen, die wählen müssen.

Noch aber leben wir weit unter unseren Möglichkeiten. Noch sind wir nicht wirklich aufgewacht. Wenn uns Gefahr droht, wachen wir ein wenig auf; wenn die Gefahr aber wieder schwindet, fallen wir wieder in unseren Dauerschlaf zurück. Wir sind immer noch nicht in der Lage, unsere Situation, in der wir uns befinden, gar uns selbst in diesem Stadium zu verstehen.

Auf unserem yogischen Übungsweg beginnen wir höchst bescheiden bewusst, achtsam und schließlich wach zu werden, durch alle auftretenden Illusionen und Krisen hindurch. Allmählich lichtet sich der dunkle Kontinent in uns, dem wir bislang ausgewichen sind, weil wir Angst vor diesem noch weitgehend unbekannten Kontinent in uns hatten.

Bislang sind wir hier in Europa dem Ruf des Sokrates: »Erkenne Dich selbst« nicht wirklich gefolgt. Wenn wir aber ›still zu sitzen‹ bzw. uns in unseren *âsanas* wirklich niederlassen und uns damit auf uns selbst einzulassen beginnen, sehen wir, dass an der Oberfläche unseres Bewusstseins schon bald ein wenig von dem aufscheint, was ich bisher anzudeuten versuchte. Es treten mit anderen Worten schon bald Augenblicke ein, in denen deutlich wird, dass sich unser Bewusstsein zu entfalten beginnt, wenn auch im Anschluss daran möglicherweise wieder erst einmal eine Pause eintritt. Wenn wir dann jedoch unbeirrt weitergehen, tritt durchaus eine Verstetigung dieser Erfahrungen ein; wir sind wach geworden.

Der unbewusst lebende Mensch ist niemals über irgendetwas erstaunt. Er weiß überhaupt nicht, was Staunen, was ein Sich-verwundern ist. Er begreift nichts vom Geheimnisvollen seines Daseins – von dem Wunder, dass er selbst ist. Er bewegt sich, ohne dass er es so richtig merkt, stumpf durch diese im Grunde geheimnisvolle Welt hindurch. Wenn wir jedoch, durch was für Schmerzen, Krisen und Zusammenbrüche auch immer bedingt, aufzuwachen, also bewusst zu leben beginnen, beginnen wir über alles und jedes zu staunen – ja alles beginnt, uns von nun an wirkungsmächtig herauszufordern. Bis dahin schleppen wir uns dahin, leben wir das Leben nicht wirklich. Wir schlafen weiter, auch wenn wir uns zwischendurch einer Psychoanalyse unterziehen. In vielen

Fällen verlängern wir damit nur unseren Schlaf. Mit der ständigen Ausrede, keine Zeit zu haben, stolperten wir weiter durch die Zeit. Wenn wir das Leben eines ›normalen‹ Menschen in unseren Breitengraden beobachten, ist es nichts anderes als ein unaufhörliches Stolpern bis ins eigene Grab.

Unser Leben – das gehört zur Grundverfassung unseres Menschseins, beginnt erst von dem Zeitpunkt an, ab dem wir unser Leben wirklich wahrnehmen und leben. Erst von diesem Zeitpunkt an nehmen wir auch nichts mehr als selbstverständlich hin, weder uns selbst noch den anderen noch den Himmel noch die Erde. Das Sein enthüllt erst von diesem Zeitpunkt an sein Geheimnis. Bis dahin ergreift uns nichts. Nichts versetzt uns in Aufregung, nichts in Ekstase. Unsere Unsensibilität steht so in einem direkten Verhältnis zu unserer Unbewusstheit; Sensibilität setzt erst mit der Bewusstheit ein. Und auch dann hat es erst einen Sinn, nach dem Sinn des jeweils eigenen Daseins zu fragen. Erst dann besteht überhaupt eine Chance, dass uns eine Antwort zuteil wird. Bis dahin tun wir alles gewohnheitsmäßig, mechanisch, stumpf, unbewusst: in einer unendlichen Leere.

Das gilt auch für die Beantwortung der Sinn- und Orientierungsfrage. Wir haben gelernt, sie zu stellen. Von nun an wiederholen wir sie fortwährend, selbstverständlich ohne je eine Antwort zu erhalten. Die Folge ist, wir holen uns ständig woanders Rat, was heute sehr beliebt ist. Groteskerweise holen wir uns auch bei der Wissenschaft Rat, was insoweit absurd ist, als die Wissenschaft heute nicht weniger ratlos ist als jeder Einzelne von uns! Keine Wissenschaft, schon gar nicht die Psychologie, die sich einzig und allein auf die Psyche bezieht, hilft uns aus unserer Automatenhaftigkeit und unserem Stumpfsinn heraus; im Grunde verschlimmert sie unsere Situation nur. Unser Reaktionsmuster auf all das, was wir ›erleben‹, ist und bleibt stets dasselbe. Es ist uns inzwischen zur festen Gewohnheit geworden, so dass alles vorprogrammiert und zur tödlichen Routine erstarrt ist.

Wir brauchen bei solchen Fragen wie derjenigen nach dem Sinn des Lebens nicht einmal wirklich anwesend zu sein. Unser vorprogrammiertes Gehirn wird schon antworten. Wir können daher auch in unserer Analyse getrost weiterschlafen; vielleicht sogar noch besser. Das, was dabei herauskommt, ›funktioniert‹ ohne jeden Zweifel. Alles das, was unsere Erinnerung möglicherweise in diesem Prozess zutage fördert, ist von unserem Verstand vorprogrammiert, so dass wir es nur zu wiederholen brauchen; wir haben – das erfahren wir, sobald wir nur ein wenig aufgewacht sind – lediglich wieder einmal unser orales Bedürfnis befriedigt.

Der alles berechnende Verstand läuft mehr oder weniger wie ein in uns eingebauter Computer, so dass er auch in der Lage ist, die alltäglichen Dinge unseres Lebens ohne unser Dazutun zu erledigen. Aber wenn wir tiefer in das uns geschenkte Leben eindringen, wenn wir wirklich wissen wollen, wer wir denn selbst sind, reicht der eingebaute Computer zur Beantwortung nicht mehr aus; er zeigt sich unfähig, Einsicht in die Wirklichkeit, in jene Lebenswelt zu finden, die unsere Existenz erst eigentlich ausmacht. Denn was wir heute ›Realität‹ nennen, ist nicht schon die wirkliche Wirklichkeit, in der wir leben, sondern nur eine von unserem rationalen Verständnis begrenzte, ein-dimensionale Wirklichkeit. Sie ist im Grunde ein Traum und Wahngebilde, dem wir mit offenen Augen zusehen, ohne es wirklich verstehen zu können. Daher greifen wir ständig zu neuen Erklärungsmustern und Leitbildern, um schon bald wieder die Erfahrung zu machen, dass wir trotz aller Anstrengungen am Ende auch diese Erklärungsmuster und Leitbilder nicht mehr wirklich verstehen.

Bevor wir aber dieses oder anderes verstehen lernen, müssen wir uns erst selbst verstehen lernen; das ist das, was wir in unserem abendländischen Kulturkreis wohl erst heute wirklich zu begreifen beginnen.

Das ›Indien‹ in uns kann uns lehren, dass wir uns in uns versenken können, ohne uns der Bewusstlosigkeit hingeben zu müssen, sondern im Gegenteil endlich aufzuwachen und nicht wieder einzuschlafen.

Wenn es uns gelingt, zu unserem eigenen inneren Kern, zu unserem ›Selbst‹ vorzudringen – und dies in voller Wachheit –, dann gelingt es uns auch, die Wirklichkeit in ihrem ganzen Lebensreichtum zu erfahren, so dass wir darüber zu lachen beginnen, dass wir bislang immer nur ›Auswege‹ gesucht haben und ›Umwege‹ gegangen sind.

Äußere Welt – Innere Welt

Das uns eigene Bewusstsein zur Entfaltung und zur Geltung zu bringen, ist unsere eigentliche Aufgabe, die uns Menschen in dieser Welt während unseres relativ kurzen Aufenthalts gestellt ist. In dem Maße, in dem wir dem nachkommen, erschließt sich uns auch erst der Sinn unseres Daseins. Um diesen Prozess in Bewegung zu setzen, ist es notwendig, uns immer wieder nach innen hin zu öffnen, was im Zen-Yoga gleichbedeutend mit Meditation ist.

Nachdem wir gelernt haben, nach ›außen‹ zu gehen, müssen wir jetzt lernen, auch wieder nach ›innen‹ zu gehen. Und das ist bei uns hier in Europa, wenn es denn überhaupt als Notwendigkeit empfunden worden ist, nie wirklich gelernt worden: das unerschrockene Hineingehen in unsere Innenwelt.

Wenn wir das tun, dann fällt uns schon nach geraumer Zeit etwas sehr Merkwürdiges auf. Um nach außen zu gehen, müssen wir etwas tun, ja sogar unter Umständen sehr viel tun, arbeiten; um nach innen zu gehen, brauchen wir stattdessen gar nichts zu tun, nur still sitzen, ein ›Tun‹ im ›Nichtstun‹ üben, eine mühelose Mühe praktizieren, also im Grunde das genaue Gegenteil dessen tun, was wir sonst tun.

Nach innen zu gehen, heißt im Grunde nichts anderes als ab sofort, hier und jetzt, nicht mehr länger nach außen zu gehen. Wenn wir in diesem Sinne meditieren, gehen wir auch nirgendwo mehr hin (vorübergehend nimmt dieser Drang, irgendwohin zu gehen und ständig auch noch weiter irgendetwas ›zu schaffen‹ sogar noch zu); unsere Wünsche, Gedanken, Erinnerungen und Vorstellungen und unsere Projekte –

alles das, was nicht wirklich zu uns gehört, fällt schließlich von uns ab. Wir können es nicht mehr festhalten und wir schauen ab sofort allem nur noch mit einem gewissen Erstaunen zu. Wir engagieren uns jetzt auch nur noch da, wo wir es für richtig und wichtig halten, und bleiben so Zeugen dessen, was um uns und in uns geschieht. Die einzelnen Stufen dieses Prozesses habe ich zu kennzeichnen versucht.

Meditation ist etwas, was jeder von uns erfahren kann. Das Wesentliche ist: Wir können es nicht ›machen‹, wir können es im Grunde nur ›geschehen‹ lassen. Es liegt jedoch an uns, ob wir Bedingungen kreieren, die Meditation möglich werden lässt. Dazu gehören auch die aufgeführten Grundelemente des Yoga wie die *âsanas* und *pranayamas*.

Wir leben, wenn wir uns erinnern, alle unter Konditionierungen, die sich durch unsere Art zu leben inzwischen auch verfestigt haben. Was wir daher vorrangig zu tun haben: diese Konditionierungen abzutragen, yogisch ausgedrückt zu ›verbrennen‹ und das, was mit diesen Konditionierungen verbunden ist, endlich zu verlernen. Entscheidend ist: Wir dürfen die einzelnen Techniken des Zen-Yoga nicht schon mit Meditation verwechseln; ganz im Gegenteil: Techniken können uns unter ganz bestimmten Umständen den Weg zur Meditation verbauen. Aber gehen wir noch einmal einen Schritt zurück.

Gewöhnlich ist unser Weg vorgezeichnet, und obwohl es uns materiell einigermaßen gut geht, fühlen wir uns nicht zufrieden. In uns besteht ein ständiges Verlangen, das aus einer merkwürdigen Leere in uns stammt und in uns einen ›Durst‹ erzeugt, der uns auf die Suche gehen lässt und irgendwann möglicherweise auch auf den Yoga-Weg führt: als das Erfahren und Erkennen unserer wahren Natur. Dabei tauchen, wenn die ersten Euphorien erst einmal vergangen sind, zwei grundlegende Hindernisse auf:

(a) die zentrale Frage: Wollen wir unsere bisherige Lebensweise wirklich verändern? Und

(b) wollen wir für unser Leben wirklich die Verantwortung übernehmen?

Freiheit wollen wir alle. Aber viele von uns möchten nach Möglichkeit vom Himmel zusätzlich die Erlaubnis, sich ohne jede weitere Verantwortung auf diesem Planeten bewegen zu dürfen, wie es ihnen passt. Wenn dann in ihrem Leben etwas schiefgeht, sollen andere natürlich dafür verantwortlich sein. Daher der heute immer wieder zu beobachtende Run zur Psychologie, ohne zu wissen, was es mit der Psychologie eigentlich auf sich hat; häufig soll sie nur unser nicht zu rechtfertigendes unverantwortliches Verhalten ›wissenschaftlich‹ rechtfertigen.

Das Letztere hat etwas mit unserer Angewohnheit zu tun, unser Leben vollständig auf die äußere Welt auszurichten. ›Ich‹ will Anerkennung von den anderen; ihre Bestätigung, ihre Liebe, ihre Hilfe. Unser Glück erwarten wir von ›außen‹. Zen-Yoga hingegen fordert hier eine völlige Umkehr und verschafft uns erst dadurch einen neuen Blick auf eben die Wirklichkeit, in der wir bislang außengesteuert lebten. Ob wir dazu bereit sind, ob wir uns dafür entscheiden können oder nicht: Die hier gemeinte Umkehr ist und bleibt jene Hürde, die erst zu nehmen ist und die es sicher auch vielen von uns erschwert, den Zen-Yoga-Weg wirklich ernst zu nehmen und zu gehen.

Recht bedacht besteht auch unter denen, die schon etwas länger diesen Übungsweg gehen, ein Abgrund zwischen intellektueller Einsicht und täglicher Lebenspraxis. Denn intellektuell verstehen wir das alles, was ich sage, gut. Wir akzeptieren es sogar, weil unsere derzeitige Art zu leben uns offenbar nicht befriedigt. Dann sagen wir uns (oder andere sagen es uns), dass wir ›etwas‹ tun sollten. Also besuchen wir die inzwischen so beliebten Retreads – häufig, weil wir uns ja auch nur für wenige Tage, meist nur für ein Wochenende, auf sie einzulassen brauchen. Nur ist das leider wieder etwas, das von ›außen‹ kommt. Wir hören zu, sind begeistert, ›was uns so gesagt wird‹ und wollen dann diesen Weg, den uns der Retread gezeigt hat, auch gehen. Manche, so habe ich die Erfahrung gemacht, fühlen sich alleine schon vom bloßen Zuhören ganz ›high‹, manche sogar schon nach kurzer Zeit erleuchtet. Schuld daran ist, dass wir uns vor Beginn dieser Veranstaltungen nicht wirklich klar gemacht haben, was es überhaupt bedeutet, einen solchen Weg zu gehen: dass dieser Weg keineswegs ›high‹ ist, sondern uns erst einmal von einer Krise in die nächste stürzt (in diesen Krisen lösen sich vorrangig unsere Konditionierungen auf), ohne dass wir sobald schon Land sehen; das wird uns in diesen Seminaren häufig nicht gesagt. Diesen Preis wollen wir nicht zahlen. Wir müssen ihn aber zahlen, wenn wir aufwachen wollen.

In unsere Ausbildung und Karriere investieren wir gewöhnlich viel Zeit und Geld, aber für die Entwicklung unseres Bewusstseins über die derzeitig äußerst niedrige Stufe hinaus wollen wir nichts ›ausgeben‹; sie darf nach Möglichkeit nichts kosten. Das Engagement für diese Art der Erkenntnis unseres Selbst muss aber so total sein, dass wir uns, egal was kommt, immer für diesen Weg entscheiden. Nach ›innen‹ zu gehen und sich selbst über sich selbst aufzuklären, ist das Erste. Wenn das aber nicht wirklich gewollt wird, wenn wir nicht wirklich bereit sind, uns auf uns selbst einzulassen, bewegt sich auch auf dem Übungsweg des Zen-Yoga nichts – wenn, dann nur scheinbar. Und die Krisen, die wir auf diesem Weg durchmachen, müssen wir akzeptieren, weil ohne sie keine Transformation stattfindet. Aber wenn wir im Hinblick auf diese ganz entscheidende Frage erst einmal Klarheit gewonnen haben, gibt es auch keine Probleme mehr, die sich uns in den Weg stellen.

Jeder von uns will sein Leben, so hört man es jedenfalls immer wieder, nach ureigenen Überzeugungen leben. Nur schaffen das die meisten – aus welchen Gründen auch immer – nicht. Irgendwann wird dem einen oder anderen bewusst, dass sein Leben einer riesigen Null gleicht. Er möchte dann ein völlig neues Leben beginnen, ohne zu begreifen, dass das wahrscheinlich auch ein sehr schmerzhafter Prozess ist, der aber, wie schon mehrfach betont, nicht übersprungen werden kann und darf, wenn wir nicht weiter Selbsttäuschungen zum Opfer fallen wollen.

Wenn unsere Reise beginnt, ist unser Fokus ›außen‹. Der Fokus des Yogi liegt aber innen, wo niemand ist außer wir selbst. Nur hier in uns finden wir ›Sicherheit‹; ›draußen‹ ist und bleibt das auch weiterhin eine unsichere Sache, weil wir dann weiter von anderen und vor allem von den wechselnden Umständen abhängen. Das heißt: Die Kriterien der äußeren Welt sind nicht die der inneren Welt.

Wir kennen alle unsere uneingeschränkte Bereitschaft, mit unserem gleichwohl beschränkten Verstand nach lauter Möglichkeiten zu suchen, wie wir etwa zu Ansehen, Reichtum und spirituellem Glück kommen können. Wir folgen dem Weg nach ›außen‹, nicht aber dem nach ›innen‹, so dass schließlich unter entsprechenden Umständen die Frage auftaucht, wie wir nach innen gehen, ohne die Außenwelt zu verleugnen. Mit anderen Worten: wie wir die Richtung unseres bisherigen Weges ändern können.

Der Yoga gibt darauf eine Antwort. Tai'Chi wieder eine andere. Das Ziel ist jedoch immer dasselbe. Wenn wir erst einmal mit unserem zu fünf Prozent entwickelten Bewusstsein dabei sind, haben wir, wenn wir unerschrocken weitergehen, im Grunde schon gewonnen. Wichtig ist nur, dass wir uns zuerst auf diese fünf Prozent konzentrieren und dem Rest dann keine so große Aufmerksamkeit mehr schenken. Ich befürchte, viele setzen sich dann sofort wieder dem Leistungsdruck aus oder folgen, wie bisher, ihrem Ehrgeiz. Sehen wir davon einmal ab, so werden es allmählich ganz von selbst bald zehn Prozent, so dass jetzt der eigentliche Prozess erst beginnt. Dieser Prozess wird jedoch nicht eintreten, wenn wir weiter fortfahren, von außen nach innen zu leben. Fangen wir daher, wenn es auch erst einmal schwer fällt, damit an, von innen nach außen zu leben, ist das doch der Schlüssel, der uns auf dem Yoga-Weg ausgehändigt wird. Der Schlüssel nicht nur zum meditativen Leben, sondern zum Leben überhaupt, das jetzt eine neue Qualität, einen neuen Sinn gewinnt.

Wir können auch sagen: Gehen wir nach ›außen‹, ist alles, was wir erkennen, Materie; gehen wir nach ›innen‹, ist alles, was wir erkennen, Nicht-Materie. In Wirklichkeit aber erkennen wir auf der vierten Bewusstseinsebene, dass gar keine Trennung existiert, weil nun einmal Materie und Nicht-Materie im Grunde eins sind. Das aber können wir nur begreifen, wenn wir uns auf den yogischen Übungsweg gemacht haben; vorher nicht.

Die Wirklichkeit, in der wir leben, dieses X, erscheint uns jetzt einmal als Materie, wenn wir sie nämlich durch die Sinne, durch die Augen, betrachten, einmal als Nicht-Materie, nämlich wenn wir sie von ›innen‹ her betrachten, d. h. nicht durch unsere Sinne; die Wirklichkeit ist eins, aber wir können sie auf zweierlei Weise, d. h. komplementär erfahren.

Wenn wir durch unsere Augen sehen, sind es ja nicht die Augen, die sehen: Der Sehende befindet sich hinter den Augen. Das, was durch die Augen blickt, sind nicht die Augen. Darum können wir auch die Augen schließen und trotzdem Träume, Visionen und Bilder sehen; der Sehende befindet sich hinter den Sinnen; durch sie geht er in die Welt. Wenn er seine Sinne verschließt, bleibt er innen. Wenn wir also zentriert sind und bleiben – was wir üben müssen –, werden wir uns unserer selbst bewusst; was dieses ›Selbst‹ ist, ist dabei gar nicht mehr so entscheidend. Wenn dieses erst einmal der Fall ist, sind wir uns seltsamerweise auch der Schöpfung bewusst geworden – weil wir und die Schöpfung nicht zweierlei sind. Um aber sich seiner selbst bewusst zu werden und dann auch zu sein, brauchen wir Zentrierung, die uns der Yoga lehrt, und keine Auffächerung unseres Bewusstseins in unzählige Richtungen. Zentrierung – nur über sie erfolgt der entscheidende Bewusstseinssprung; Zentrierung heißt: in sich selbst zu bleiben, unbewegt, ohne Richtung, innen.

Sicher macht jeder von uns die Erfahrung, dass unser Denken auch weiterhin ›Gedanken‹, ›Ideen‹ und ›Vorstellungen‹ produziert, und damit Probleme. Solche Gedanken sind aber, wie Der Buddha gezeigt hat, wie Wolken. Sie kommen und gehen und gehören nicht wirklich zu uns. Sie kommen von außen und nicht aus unserem Zentrum, in dem wir reines Bewusstsein sind. Das Zentrum sieht die Realität ganz anders als die Peripherie, wobei wir davon ausgehen können, dass die meisten Menschen die Realität gar nicht wahrnehmen, sondern in Wirklichkeit immer wieder nur an ihr vorübergehen.

Der Beobachter in uns

Der Weg des Zen-Yoga in den einzelnen, aufgezeigten Etappen ist nur gehbar, wenn wir uns des Beobachters in uns bewusst werden. Solange wir nicht zu meditieren beginnen, ist alles das, was ich zu diesem Thema bisher gesagt habe, absurd, wenn nicht unverständlich. Sich des Beobachters in uns bewusst zu werden, ist gleichsam erst der entscheidende Kick, der uns auf den Weg bringt.
Wir Menschen sind Freiheitswesen, so dass wir nur bedingt objektiviert werden können. Denn was immer wir ›von uns‹ objektiv begreifen, sind wir nicht. Wir können uns auf diese Weise nicht einmal selbst erfahren und kennen lernen, weil wir immer schon mehr sind als wir anthropologisch bildhaft vor uns sehen. Was bleibt, ist ein Erfahrenes, keine objektive Erfahrung, die aber morgen schon wieder überholt sein kann und es auch meistens ist. Erfahrenes ist selbst ein Prozess, kein Objekt, wie Verstehen ein Prozess ist, und gewonnenes, festgestelltes Wissen ein Objekt – wie Lieben einen Prozess, Liebe hingegen aber ein Objekt darstellt. Folglich gibt es auch nur ein Verstehen und kein wirkliches Wissen. Hauptworte existieren auf der Ebene, auf der wir hier sprechen, nicht mehr, nur Verben.

Dasselbe gilt auch für die Substantive ›Sein‹ und ›Zeit‹, aber auch für den Baum; es gibt gewissermaßen nur ein ›Baumen‹. Ist doch auch der Baum, von dem sich jeder von uns überzeugen kann, kein statisches Phänomen.

So gibt es natürlich auch keinen Fluss, sondern nur ein Fließen: Es bewegt sich, es ist dynamisch. Selbst ein Stein ist kein Stein, auch er ›steint‹ usw.

So besteht unsere Existenz nicht aus Dingen, sondern aus Ereignissen. Jedes Verb impliziert ein Werden. Leben geschieht, der Mensch leibt. Wenn wir, um ein anderes Beispiel zu nennen, fühlen, wie eine gewisse Energie in unserer Wirbelsäule aufsteigt, dann sind wir es, die das fühlen. Die Wirbelsäule existiert separat, und die Kundalini, die möglicherweise aufsteigt, gleichfalls. Das ist schließlich der uns vertraute naturwissenschaftliche, analytische Blick, der nicht merkt, dass das, was hier geschieht, etwas mit uns, mit unserer gestimmten oder missgestimmten leiblichen Existenz zu tun hat.

Ein anderes Beispiel: Ich kann diese Hand hier vor mir sehen. Durch den Akt des Sehens bin ich von meiner Hand getrennt. Ich kann die Hand also nicht sein. Ich benutze die Hand, aber ich lebe getrennt von ihr. Vielleicht bin ich in der Hand, aber ich kann die Hand nicht sein. Sobald wir jedoch ganz im Hier und Jetzt aufgehen, geschieht jener Augenblick, da es weder ein Subjekt (mich) noch ein Objekt (Hand) gibt. Diese Erfahrung hat sich aufgelöst – damit auch die Unterscheidung zwischen innen und außen. Was ist geschehen? Wir haben sowohl das Äußere als auch das Innere losgelassen; wir sind weder außen noch innen, weder extrovertiert noch introvertiert, wir sind weder Mann noch Frau, weder Körper noch Seele noch Geist. Wir sind dann weder im *samsara* noch im *nirvana*; wir befinden uns jetzt exakt in der ›Mitte‹ aller Dualitäten.

Wichtig ist in diesem Zusammenhang,

1. dass wir in den ersten drei Bewusstseinsebenen *(chakren)* wirklich leiben, d. h. Wurzeln geschlagen haben. Wenn das nicht der Fall ist und wir anfangen, was sehr beliebt ist, nur auf der zweiten der ersten drei zu leben, schaffen wir uns eine Traumwelt, die uns früher oder später abstürzen lässt;

2. dass wir weder in der Vergangenheit noch in der Zukunft leben. Nur in der Gegenwart ist Zeit. Andernfalls leben

wir nur in Erinnerungen, Träumen, Illusionen und Täuschungen und blockieren uns, was die nächsten Bewusstseinsschritte anbelangt, selbst;

3. dass wir stets vollkommen bei der Sache sind; uns, wenn wir uns entschieden haben, vollkommen darauf einlassen und ehrlich sind in dem, was wir sagen.

Es scheint manchmal fast so, als seien wir völlig lernunfähig. Lernblockaden sind häufig dafür verantwortlich. Wie aber kommt es aus yogischer Sicht zu diesen Lernblockaden?

1. Seit Menschengedenken hat man uns Zuwendungen vorenthalten, damit wir schwach bleiben;

2. hat man uns unwissend und in Verwirrung gehalten, damit wir uns leichter täuschen lassen. Wenn man politisch einen Infantilismus in der Bevölkerung anstrebt, dann erreicht man das am besten dadurch, dass man dem Menschen nicht erlaubt, sich (a) in der Liebe und (b) im Wissenserwerb frei zu entfalten; ohne beides schrumpft die Intelligenz des Menschen, sein Einsichtsvermögen, auf den berühmt-berüchtigten Nullpunkt.

Wenn wir uns verlieben, steigern sich bekanntlich alle unsere Fähigkeiten. Gerade haben wir noch stumpf ausgesehen, dann haben wir jene Frau bzw. jenen Mann getroffen – und schon ergreift uns eine unbändige Freude; wir entflammen und leisten Höchstes. Wenn die Liebe wieder verschwindet, leisten wir fast nichts mehr, wir stumpfen ab.

3. Man mache die Menschen so ängstlich wie nur möglich.

4. Man halte sie auch so unglücklich wie nur möglich, denn ein unglücklicher Mensch ist und bleibt ein verwirrter Mensch, der vor allem kein Selbstwertgefühl besitzt, der sich anklagt und ständig denkt, dass er etwas falsch macht. Man kann ihn herumstoßen und zu jeder Zeit zu einem Stück Treibholz degradieren. Man kann ihn herumkommandieren und zurechtweisen, denn er weiß: Allein ich bin unglücklich.

Vielleicht kann ein anderer endlich mein Leben in die Hand nehmen. Er ist zu jeder Zeit ein bereitwilliges Opfer.

5. Man entfremde die Menschen so voneinander, dass sie sich nicht mehr solidarisieren können.

Wir Menschen kommen im Grunde aus dem Nichts und gehen eines Tages wieder ins Nichts. Der europäisch-amerikanische Kulturkreis hat ständig Angst vor dieser Vorstellung des Nichts. Aber diese Nicht-Materie, wie wir es vielleicht nennen können, dieses Nicht›Etwas‹ ist aber die Quelle allen Reichtums, aus dem zum Beispiel der Baum vor uns hier aufblühen konnte. Dann kommen die Früchte – daraus wieder der Samen, aus diesem wieder ... usw. Das ist in der Tat der Kreislauf des immer Gleichen: vom Nichts zum Nichts; vom Nirgendwo zum Nirgendwo. Und in der Mitte dazwischen *Samsara*; oder noch anders ausgedrückt: vom Ursprunglosen zum Ursprunglosen: Aus ihm entsteht schließlich das Nicht-Erinnern; aus diesem das Erinnern.

Alles ist latent vorhanden, hat aber noch keine Gestalt angenommen; alles ist möglich, ist wahrscheinlich. Und die Dinge schicken sich an, sich in jedem Augenblick zu ereignen und Gestalt anzunehmen. Sie sind ständig auf dem Sprung.

Das Nicht-Erinnern: Es gibt noch kein Wissen; unsere Wahrnehmung ist noch ›rein‹, noch unberührt von Erinnerungen. Noch fehlt jede Erkenntnis, folglich bilden sich noch keine Erinnerungen. Deshalb ist es so schwer, sich an seine ersten Lebensjahre zu erinnern. Es gab damals lediglich Eindrücke, aber noch kein wirkliches Erkennen.

Wir sehen bis etwa zum vierten Lebensjahr, ohne dass dieses Sehen Erinnerung erzeugt. Wir sammeln noch keine Informationen, wir sammeln überhaupt nichts, wir leben in diesem Augenblick des Hier und Jetzt.

Noch haben wir keine Vergangenheit. Jeder Moment, den wir erleben, ist taufrisch. Deshalb sind Kinder auch so extrem lebendig. Ihr Leben ist voller Freude, weil voller Erstaunen.

Kleine Dinge machen sie glücklich. Kleine Begebenheiten erregen sie. Ständig sind sie überrascht – ein Hund, eine Katze laufen vorbei, und sie sind aufgeregt. Alles leuchtet für sie. Ihre Augen sind strahlend, noch hat sich kein Staub angesammelt; ihr Spiegel reflektiert noch alles in Vollkommenheit.

Irgendwann beginnt aber das Nach-denken; wir stürzen »in die Zeit« (Cioran). Wir geraten jetzt erst in diese Welt, so dass, wenn wir zur ursprünglichen Klarheit zurückkehren wollen – und wir Menschen können das – wir auch denselben Weg wieder zurückgehen müssen. Und zwar über dieselben Stufen, bis sich eines Tages das Erinnern wieder im Nicht-Erinnern auflöst. Deshalb fordern alle Meditationen, dass der vom Ego abhängige, auf dieses Ego bezogene Verstand und die angesammelten Gedanken wieder losgelassen werden: bis hin zur Leere, der Offenen Weite, der Unendlichkeit und Zeitlosigkeit.

Wir lassen jetzt wieder
1. das Erinnern
2. das Erkennen los und beobachten einfach nur, tun aber nichts. Die Dinge geschehen; wir sind und bleiben immer noch Beobachter. Wir identifizieren uns jetzt nur noch bedingt mit unseren Handlungen. Das heißt: Zuerst verschwindet unser Handeln, dann das Erkennen. Was eintritt, ist schließlich der Zustand der Jetztzeit. Sie strömt in ihrer Unberührtheit von Vergangenheit und Zukunft. Alles ist, nichts muss mehr getan werden. Wir sind nur noch reines ›da‹-sein.

Jeder Wunsch zu handeln oder zu erkennen ist verschwunden. Wir sind jetzt weder Handelnde noch Erkennende. Wir sind im Zustand des *mahamudra*. Das Handeln entfällt, das Erkennen entfällt, die Zeit entfällt, schließlich entfallen wir selbst: Entspannte Stille tritt ein.

Was wir gewöhnlich Stille nennen, ist gar keine Stille. Sie ist nur ein schwacher ärmlicher Abglanz dieser Stille. Manchmal fühlen wir uns etwas entspannt, die Gedanken wirbeln nicht mehr so heftig in unserem Kopf herum – wir verspüren Stille, sind es aber noch nicht selbst. Erst wenn wir – wie angedeutet – nicht mehr sind, alles verschwunden ist und nichts mehr zurückbleibt, erst dann können wir von jener Stille sprechen, die dann in der Tat ›unvorstellbar‹ ist.

Im ersten Bewusstseinszustand sind Gedanken da, mit diesen Gedanken Vergangenheit und Zukunft, d. h. Ängste, Spannungen, Leiden.

Im zweiten Bewusstseinszustand löst sich das Erinnern in das zitierte Nicht-Erinnern auf: Weder Vergangenheit noch Zukunft treten mehr hervor – nur hier und jetzt. Der Verstand wurde auf seine eigentliche Funktion beschränkt.

Oft tritt dieser Bewusstseinszustand während unserer Yoga-Übungen ein. Er geht dann aber bald wieder verloren.

Im dritten Bewusstseinszustand suchen wir in der einmal eingeschlagenen Richtung, die sich in uns aufgetan hat, weiter. Wir wissen jetzt, wohin der Weg führt. Wir können den Verstand zu jeder Zeit einschalten, wann immer wir wollen.

Im vierten Bewusstseinszustand haben wir ihn dann endgültig zurückgelassen. Wir können daher auch sagen:

Im ersten Bewusstseinszustand werden wir uns der Objekte bewusst, im zweiten werden wir uns als Subjekte bewusst; es erfolgt ›Selbsterinnerung‹.

Im ersten Bewusstseinszustand richten wir unsere ganze Aufmerksamkeit auf die Gedanken; im zweiten sowohl auf das Objekt als auch auf das Subjekt, das Gedanken ›hat‹ bzw. bei sich ›trägt‹. Auf der einen Seite werden wir uns unserer Gedanken, auf der anderen des Gedankenträgers bewusst: Sowohl Objekt als auch Subjekt müssen ins Licht der Bewusstheit geholt werden. Schließlich tritt dann ein Zustand ein, in dem es weder Subjekt noch Objekt gibt, sondern nur noch reines Bewusstsein. Es existiert nichts mehr, was unsere Aufmerksamkeit noch in Anspruch nehmen könnte: Wir sind aufmerksam, aber auf nichts mehr fixiert. Wir sind aufgewacht. Unsere Grenzen und die Grenzen der Existenz sind nicht mehr voneinander getrennt, sie haben sich aufgehoben. Wir haben mit anderen Worten den eigentlich meditativen Bewusstseinszustand erreicht.

Jeder ist im Kern seines Wesens, seines Selbst, Leere, analog zu der Nabe eines Rades. Ein Rad besteht aus Speichen, die aufgrund einer Nabe miteinander verbunden sind. Diese Leere hält das Rad.

Auf genau die gleiche Weise hat unser Lebensrad eine Leere, ein Nicht-Sein zum Zentrum; diese Leere nennen wir gewöhnlich unser Selbst. Wenn wir dies erkannt haben, wird uns die Absurdität dessen, was wir bisher geglaubt, erkannt und getan haben, bewusst – und wir fangen zu lachen an. Diese Leere bedeutet absolute Erfüllung. Daher vergegenwärtigen wir uns noch einmal die Tatsache: In unserem Inneren sind wir leer; hier bewegt sich nichts mehr. Wenn wir diese Leere erfahren, erfahren wir jetzt jene entspannte Ruhe, die jede Form von Identität auflöst. Aus diesem identitätslosen Zustand erwächst unser eigentliches Leben und nicht das Leben, das wir heute noch dafür halten.

Sobald wir uns dieser Leere bewusst geworden sind, verschwinden schließlich auch unsere Ängste. Wir sind jetzt nicht mehr ›beständig‹ – was bislang von uns erwartet wurde. Dafür sind wir jetzt in allem, was wir denken und tun, aufrichtig.

Wir glauben jetzt nicht mehr an den ›Vorrang‹ der Logik, da die Logik stets nur in unserem aristotelisch-cartesianischen Kopf kreist und hier in diesem Leben nach Gewissheit strebt. Gewissheit aber in diesem Leben anzustreben, heißt: Selbstmord zu begehen.

Es gibt in diesem Leben keine Gewissheit, dafür wolkenlose Klarheit, die immer wieder, jeden Tag neu durch alle Irrungen und Wirrungen hindurch gewonnen werden muss. Denn darin besteht unsere Freiheit: dass uns jeder Tag und jede Stunde vor neue Herausforderungen stellt, auf die wir zu antworten, die wir zu verantworten haben. Zu dieser Herausforderung gehört u. a., noch klarer in seinem Denken und Tun zu werden und noch transparenter als bisher zu existieren. Sobald wir uns einrichten wollen – auch in unserem Yoga, wird uns der Boden unter den Füßen weggerissen, so dass Verwirrung eintritt; es gibt immer wieder Menschen, die in Ruhe gelassen werden möchten.

Natürlich, der berechnende Verstand möchte immer Ruhe haben; daher strebt er auch nach Sicherheit und Gewissheit. Aber das Leben will leben, es ist Bewegung, darin gleicht es einem Fluss; es ist Fließen, auch wenn wir mit unserer eindimensionalen Logik immer wieder dagegen revoltieren und Dämme aufschütten. Es ist auch immer wieder der ständig kalkulierende Verstand, der in Stagnation verharren möchte. Das Leben dagegen ist jenes Andere, von dem auf so geheimnisvolle Weise bei Adorno die Rede ist und das alle diese Vorstellungen immer wieder zerstört, mit denen wir glauben, dagegen angehen zu können. Halten wir uns daher nicht fest. Akzeptieren wir das Unausgewogene, die Unannehmlichkeiten, die Unbehaustheit, den Tod. Sobald dies erfolgt, tritt Stille ein, die jedoch mit der uns allen so vertrauten Friedhofsruhe nichts mehr zu tun hat.

Die wenigsten Menschen sind mutig genug, sich nicht an logische, philosophische oder wissenschaftliche Gewissheits- und Sicherheitskonzepte festzuhalten. Sie pochen trotz besserer Einsicht auf ihre Kausalitäts- und Konsistenzvorstellungen. Sie sind nicht mutig genug, die Widersprüchlichkeiten des Lebens auszuhalten und das Leben schließlich so zu akzeptieren, wie es ist. Sie leben daher ständig in irgendwelchen abenteuerlichen Erlösungsvisionen und reden vor allem ständig im Konjunktiv: Es sollte so und so sein. Tatsache aber ist: Das Leben kümmert sich nicht einen Deut um unsere aristotelisch-cartesianische Logik, um unsere Mathematik. Es geht seine eigenen Wege. Die Widersprüche, die wir häufig so schmerzhaft empfinden, machen aus dem Leben aber auch wieder gleichzeitig eine beseligende Herausforderung, ein Abenteuer; sie machen das Leben insgesamt gesehen erst lebenswert.

Die Probleme des Lebens werden nur dadurch gelöst, dass wir aufwachen und ein höheres Bewusstsein erreichen. Nicht, dass wir jetzt das Problem ›gelöst‹ hätten, wir entwachsen ihm vielmehr permanent. Statt also von einem oder mehreren Problemen besessen zu sein, ist es viel wichtiger, die Energie, die uns zur Verfügung steht, ausschließlich darauf zu richten, bewusster zu leben. Alles andere erledigt sich dann von ganz alleine, ohne dass wir uns noch viel darum sorgen müssten.

Der Stufenweg des Tantra-Yoga

Immer wieder machen wir die im Grunde enttäuschende Erfahrung, wie abgestumpft wir doch sind, wie sehr unsere Wahrnehmung durch unsere Sozialisation eingeschränkt, standardisiert, in Einzelfällen nicht mehr vorhanden ist.

Wir betrachten die Natur um uns herum: Sie sieht glanzlos aus, weil unsere Augen inzwischen glanzlos geworden sind. Wir hören Musik, auch sie spricht uns nicht mehr wirklich an, weil unsere Ohren unempfänglich geworden sind. Wir lesen ein Buch; es gefällt uns schon nach kurzer Zeit nicht mehr, weil unsere Aufnahmefähigkeit nicht entwickelt wurde; möglicherweise auch nicht wirklich gefördert wurde.

Daher: Holen wir uns unsere Wahrnehmungsfähigkeit durch den Zen-Yoga wieder zurück. Denn in dem Maße, in dem es uns gelingt, in uns selbst erst einmal wieder Fuß zu fassen, gelingt es uns auch, Schritt um Schritt unser Bewusstsein zu erweitern, d. h.: wieder zukunftsfähig zu werden.

Daher: Wann immer wir nur eine Minute Zeit haben, erweitern wir unsere Wahrnehmungs- und Einsichtsfähigkeit. Wenn wir z. B. essen, essen wir nicht einfach nur, sondern versuchen wir, die vergessene Sprache unseres Geschmacks erneut zu erlernen. Berühren wir z. B. Brot, erfühlen wir seine Struktur – mal mit offenen, mal mit geschlossenen Augen. Ein neues Bewusstsein für das, was wir essen, ›zu uns nehmen‹, fühlen wir in uns aufsteigen.

Gehen wir bewusst auf einen Baum zu. Berühren wir ihn. Berühren wir die Steine. Gehen wir zum Fluss und lassen wir ihn durch unsere Hände rinnen. Schwimmen wir und spüren wir das Wasser so, wie die Fische es möglicherweise spüren. Lassen wir also keine Gelegenheit aus, auf diese Weise unsere Sinne neu zu beleben. Es gibt jeden Tag tausend und eine Gelegenheit mehr dazu; wir brauchen uns dafür nicht extra Zeit zu nehmen.

Daher: Wenn wir duschen, nutzen wir die Gelegenheit und spüren wir, wie sich das Wasser anfühlt, das uns über die Haut rinnt. Legen wir uns im Sommer nackt auf den Boden und fühlen wir diesen Boden. Lauschen wir auf die Geräusche um uns herum. Nur so können wir die Sprache unserer Sinne auch wieder zu entziffern lernen. Der Zen-Yoga lehrt (und das scheint mir einmalig zu sein), dass wir dauerhaft unser Bewusstsein nur erweitern können, wenn wir uns wieder in unserer n-dimensionalen Leiblichkeit erfahren. Das setzt voraus, dass wir uns von unseren bisherigen Gewohnheiten verabschieden, da es gerade die fatalen Gewohnheiten sind, die die Ursache für unsere heutige Abgestumpftheit, genauer für unser heutiges Ableben sind.

Jeder von uns kann es täglich beobachten: Der gewöhnliche Mensch unserer Breitengrade wird mit zunehmendem Alter auf geradezu erschreckende Weise immer stumpfsinniger. Er hört zu lernen auf; er kann und will offensichtlich nichts mehr dazulernen.

Was die Intelligenz anbelangt, die Einsichtsfähigkeit, so fängt offenkundig heute ein Kind mit sieben Jahren schon zu altern an. Körperlich beginnt das Altern später, aber mit rund 35 Jahren bauen wir auch schon körperlich ab. Geistig gesehen hat der Verfall natürlich schon früher begonnen. So schätze ich das geistige Durchschnittsalter um mich herum heute auf zirka zwölf Jahre ein; die meisten Menschen wachsen offenkundig geistig nicht mehr weiter. Sie bleiben stehen. Deshalb befinden wir uns heute auch in dieser Welt des Mord-

und Totschlags; wir leben heute ständig in der Gefahr, noch weiter als bisher zu regredieren.

Das wahre geistige Alter der meisten von uns verbirgt sich dabei unter einer hauchdünnen zivilisatorischen Decke. Daher wird der tatsächliche Zustand für uns auch nicht sofort sichtbar. Man braucht aber nur ein wenig zu kratzen und schon tritt das wahre geistige Alter zutage; das körperliche Alter spielt dabei schon keine Rolle mehr: Sie werden nie erwachsen. Daher lehrt der Zen-Yoga: Lerne, alles immer wieder auf neue Weise zu tun, und befreie Dich so weit wie möglich von Deinen bisherigen (und zukünftigen) Gewohnheiten. Imitiere nicht, äffe nichts nach, finde Deinen eigenen Weg, die Dinge anzugehen und hinterlasse in allem, was Du anpackst, Deine eigene Handschrift.

Der Zen-Yoga lehrt:

1. muss unser Körper von allen vorhandenen Wahrnehmungsblockaden befreit werden;

2. müssen die Sinne wieder lebendig, d. h. revitalisiert werden;

3. muss unser Verstand das neurotische, zwanghafte Denken aufgeben und bereit sein, sich in Stille zu üben; d. h. vollständig zu entspannen.

Wie aber können wir unter den heutigen Gegebenheiten entspannen?

1. Indem wir den berechnenden Verstand endlich loslassen. Unser Kopf ist voller Gedanken. Aber wir schauen sie uns jetzt einfach nur noch an: unbeteiligt, neutral. Wir bewerten sie nicht. Nach und nach sehen wir (zu unserem Erstaunen), dass es zwischen den Gedanken merkwürdige Lücken der Stille gibt.

2. Sobald wir zu dieser Beobachtung gelangen, werden wir uns der Tatsache bewusst, dass es der ›Beobachtende‹ ist, der die Erfahrung macht. Schließlich beobachten wir auch noch

den ›Beobachtenden‹. Neue, bisher nicht wahrgenommene Lücken tun sich auf. Allmählich oder ganz plötzlich verschwindet auch noch die Stille.

3. Von diesem Zeitpunkt an gibt es weder ein Subjekt noch ein Objekt mehr: Wir finden uns in der Offenen Weite wieder und sind jetzt von allen Anhaftungen und Illusionen endlich frei geworden. Der Geist ist absolut leer. Wir existieren nur noch in dieser Leere. Alle Trennungen und Kämpfe und Kriege, das erkennen wir jetzt, existieren nur, weil wir innerlich gespalten waren. Unsere Zerrissenheit wurde nach außen projiziert, und alles schien in der Tat voneinander getrennt, entfremdet, zu sein.

Wenn aber der Körper von allen Blockaden befreit, die Sinne geöffnet und der Verstand still geworden ist, verschwinden die inneren Mauern. Was ›bleibt‹ (wenn man davon so überhaupt noch sprechen kann), ist diese Leere – das, was Heidegger die gelichtete Offenständigkeit nannte: Der Himmel ist innen wie außen derselbe. Wir erkennen: Tatsächlich gibt es kein außen und kein innen; alles ist Offene, Lichtende Weite.

Von hier aus wird uns noch einmal bewusst, dass unser gegenwärtiges Denken stets zu Unterscheidungen und Trennungen führt, ja führen muss, und dass in dem Maße, in dem wir unsere bisherige Denkungsart transzendieren, wir damit auch unser anerzogenes und bislang eingetrichtertes Wissen transformieren. Unsere Erkenntnis gewinnt wolkenlose Klarheit (Buddha) und die Wirklichkeit wird so widergespiegelt, wie sie tatsächlich ist.

Wir erkennen: Die offizielle Politik will, dass wir auf irgendeine Weise Sklaven bleiben; sie will, dass wir ständig in Ängsten leben. Sie will, dass unsere Gier nach dem, was sie uns vorsetzt, nicht nachlässt. Sie will, dass wir ehrgeizig bleiben. Sie will, dass wir uns gegenseitig ausstechen, uns ›fertig machen‹ und sie will: dass wir uns gegenseitig hassen und uns ohne Unterbrechung täuschen.

Die Politik will, dass wir lieblos bleiben. Sie will, dass wir voller Wut und Ressentiments sind, damit wir dem von ihr propagierten Freund/Feind-Denken auch Folge leisten. Sie will schließlich, dass wir innerlich schwach bleiben, uns permanent wertlos fühlen, Nachahmer und Kopien von obskuren Vorbildern bleiben.

Die Politik, die Gesellschaft, die Diktatur des ›Man‹, will nicht, dass wir zu einem Buddha, zu einem Nazarener werden. Deshalb ist ihr auch gar nichts daran gelegen, dass unsere Einsichtsfähigkeit, unsere Intelligenz gefördert wird – was sich u. a. in der Bildungspolitik der Bundesrepublik heute in geradezu einzigartiger Weise zeigt.

Eine wirkliche Erziehung würde uns helfen, unser eigenes Leben zu finden. Davon kann unter den gegebenen Umständen keine Rede sein. Stattdessen lernt der Schüler, der Student, die Wirklichkeit ständig zu imitieren bzw. zu inszenieren und erst gar nicht den Blick für die eigene Wirklichkeit zu gewinnen.

Im Zen-Yoga heißt es: Finde Dein ursprüngliches Gesicht, Deine Authentizität. Und Ramana Maharshi fragt insistierend: Wer bist Du? Denn wenn Du nicht weißt, wer Du bist, bleibst Du ständig irgendwelchen Zufällen des Lebens ausgeliefert.

Solche Worte kommen in unserem Bildungskanon nicht vor. Sokrates wird bis heute nicht ernst genommen. Stattdessen lernen wir ständig, jemand anders zu sein. Kaum einer ist wirklich bei sich selbst. Unzufriedenheit, Stumpfsinn, Langeweile und Leiden sind die Folge, obwohl das Leben in Wirklichkeit, wenn wir es denn wirklich leben wollten, einzigartig, göttlich ist!

Wenn wir durch den Zen-Yoga lernen, bewusst zu leben, ergibt sich dies alles von selbst: mehr an Bewusstheit, an Verantwortung, mehr an Verständnis, mehr an Intelligenz und Kreativität, um dem Leben in seiner ganzen Fülle gerecht zu werden. Wir begreifen dann, die Wirklichkeit und wir selbst bleiben ein Mysterium, das gelebt werden will, und eben nicht ein ›Problem‹, eine ›Frage‹, die erst noch gelöst werden müsste.

Auf dem Weg des Zen-Yoga beginnen wir bewusster als bisher, wesentlich wacher als bisher zu leben. Dass die Rede von Ebenen und Stufen dabei nur Hilfsvorstellungen darstellt, um begreifbar zu machen, um was es geht, braucht hier sicher nicht unterstrichen zu werden; diese Rede soll uns nur die entscheidenden Hinweise, um die es geht, geben.

Im Mann, so lehrt Tantra, die höchste Form des klassischen Yoga, ist die bewusstseinsmäßige Basisebene *(muladhar)* männlich und die nächstfolgende *(swadhistan)* weiblich. In der Frau ist das *muladhar* weiblich und *swadhistan* männlich usw. ... In den uns mehr oder weniger vertrauten drei Bewusstseinsebenen, die wir zitiert haben, ist die Dualität des Männlichen und Weiblichen bis in die dritte vorhanden; die vierte ist, wie wir erfahren haben, schließlich nicht mehr dualistisch.

Die jeweilige Vereinigung zwischen dem Männlichen und Weiblichen findet dieser Lehre zufolge in uns statt: *muladhar* und *swadhistan*, so nenne ich diesen Verschmelzungsvorgang zwischen beiden, feiern Hochzeit.

Aber nicht nur *manipura* und *anahat* müssen sich vereinigen, gleichwohl müssen sich *visudha* und *ajna* vereinigen. In dem Augenblick, da diese Vereinigungen stattfinden, werden Energien freigesetzt, die auf das jeweils höhere Bewusstseinszentrum treffen.

Wenn wir uns auf die erste Vereinigung zwischen der inneren Frau und dem inneren Mann erst einmal eingestimmt haben, wird sich eines Tages auch die zweite ereignen; wir brauchen dafür nichts zu tun. Es stellt sich gleichsam von selbst ein, so dass die Energie, die bei der ersten Hochzeit freigesetzt wurde, jetzt die Voraussetzung für die zweite Vereinigung schafft. Und die Energie, die bei der ersten Hochzeit freigesetzt wurde, ist jetzt die Voraussetzung für die zweite Vereinigung; sie löst dann auch die dritte aus.

Die dritte Vereinigung ist die zwischen *visudha* und *ajna*. Wenn sie sich ereignet, wird die Energie für die vierte geschaffen, die aber nun keine Vereinigung mehr im bisherigen Sinne darstellt, sondern Einheit. *Sahasra*, die höchste Bewusstseinsebene, steht selbstverständlich für sich allein ein; es gibt kein ›Männlich‹-›Weiblich‹ mehr; sie sind endgültig ineinander aufgegangen – und verschwunden. Der ›Mann‹ ist zur ›Frau‹ geworden wie die ›Frau‹ zum ›Mann‹; alles Trennende existiert nicht mehr. Es gibt aber auch in der Chakren-Lehre noch eine siebener Zählung, was insofern interessant ist, als die Zahl sieben in allen Kulturen eine gleichbleibende Bedeutung hat. Sieben Tage sind symbolisch gemeint: Der siebte Tag ist der Feiertag, der heilige Tag. Sechs Tage lang hat Gott gearbeitet, am siebten ruhte er sich aus. Sechs Bewusstseinsebenen – die siebte ist dann der Zustand der entspannten Ruhe. Mit ihm verschwinden wir als Teil der Dualität; *nirvana* tritt ein.

Die drei inneren Begegnungen und das Vierte *(turiya)* haben auch noch eine andere Dimension: Schlaf, Traum, Erwachen. Das heißt, die vier bzw. fünf yogischen Bewusstseinsebenen korrespondieren auf ihre Weise mit eben diesen drei Zuständen.

Die erste Vereinigung, die zwischen *muladhar* und *swahistan,* gleicht dem Schlaf. Sie ereignet sich fast von allein; wir bekommen sie so recht eigentlich nicht mit. Wir genießen sie und fühlen doch eine ganz wunderbare Frische in uns aufsteigen. Wir fühlen uns ausgeruht – wie eben nach einem tiefen Schlaf. ›Mann‹ und ›Frau‹ sind sich in uns begegnet, aber, wie angedeutet, in einer noch weitgehend unbewussten Vereinigung; sie fand quasi nicht bei hellem Tageslicht statt, sondern in der Nacht. Wir spüren wohl schon ihre Auswirkung, wir nehmen die entsprechenden Energien schon in uns wahr. Schließlich entwickelt sich allmählich auch eine Aura; wir werden präsenter. Aber wir wissen immer noch nicht genau, was mit uns eigentlich los ist.

Die zweite Vereinigung, in der sich *manipura* und *anahat* begegnen, geschieht im Traum. Wir können uns ein wenig daran erinnern, etwa so, wie wir uns morgens an einen Traum erinnern – einige Lichtblicke blieben übrig. Wir sind jetzt sicher, dass sie überhaupt stattfand. Und langsam dämmert uns, dass irgendetwas wirklich mit uns passiert ist. Es wird uns bewusst, dass wir uns verändern, dass eine Transformation mit uns geschieht, und dass wir schon nicht mehr dieselben Menschen sind, die wir noch gestern waren. Das Interesse an der ›äußeren‹ Frau wie am ›äußeren‹ Mann – dies stellt jetzt einen ganz wesentlichen Einschnitt dar – ist nicht mehr so überhitzt, wie es möglicherweise bisher noch der Fall war. Diese zweite Vereinigung ereignet sich gewissermaßen im Morgengrauen, wenn die Nacht dem Tag weicht.

Mit der dritten Vereinigung werden wir uns endlich unserer selbst bewusst; es ist so, als ob wir jetzt erst wirklich aufwachen: *visudha* begegnet *ajna*, um in den entsprechenden Sanskrit-Begriffen zu sprechen. Diese Vereinigung geschieht am helllichten Tag; alles geschieht jetzt in wolkenloser Klarheit. Wir wissen jetzt, dass wir mit unserer ›äußeren‹ Frau bzw. mit unserem ›äußeren‹ Mann durch sind, was jedoch nicht schon bedeutet bzw. (bedeuten muss), dass wir unseren Partner, mit dem wir zusammenleben, verlassen müssen. Aber unser Zusammenleben hat von diesem Zeitpunkt an eine neue, völlig andere Qualität und Tiefe gewonnen. Jetzt erst kann sich Liebe wirklich ereignen; jetzt erst beginnt wirkliches Verstehen.

Erst wenn wir zu unserem Alleinsein, zu unserer Individualität im Verlaufe dieses Bewusstwerdungsprozesses gelangt sind, erst wenn unsere innere Spaltung zugunsten der Offenen Weite aufgehoben worden ist, hat sich alles zusammengefügt, was zusammengehört, wobei das Individuelle jetzt zum Allumfassenden geworden ist. Wir beginnen dann zu erkennen, dass es gar nicht dieses ›da draußen‹ und dieses ›da drinnen‹, kein ›Ich‹ hier und kein ›Du‹ da gibt, sondern nur noch jenes unendliche Geheimnis, das von allen Dichtern besungen, von allen Philosophen erörtert –, aber doch immer unaussprechlich bleiben wird.

Der Tantra-Yoga als die höchste Stufe des Zen-Yoga lehrt, diese einzelnen Bewusstseinszentren wieder in völlig entspannter Ruhe zu erfahren: das *muladhar*, unser eigentliches Energiezentrum, zu dem Tantra zufolge auch die Tugend und nicht die Sünde unserer Sexualität gehört; *swadhistan*, unser Todes-Zentrum – wobei die Ängste, die wir hier erfahren, für unsere innere Entwicklung deshalb so gefährlich sind, weil sie, was Freud, aber vor allem auch Wilhelm Reich gezeigt haben, unsere Bewusstseinsentwicklung auf häufig grauenvolle Weise massiv blockieren, so dass ihnen auf dem Yoga-Weg auch eine ganz besondere Aufmerksamkeit geschenkt wird.

Manipura – auch diese Bewusstseinsebene *(chakra)* ist sehr häufig mit negativen Gefühlen belastet. In fast allen Sprachen der Welt gibt es den Ausdruck: »etwas zum Kotzen finden«. Und das ist ja tatsächlich so: Wenn uns etwas auf den Magen schlägt, wird uns übel und wir möchten uns übergeben. Wenn es dann passiert, fühlen wir uns auch wieder wohl. Der Yogi trinkt am Morgen etwas angewärmtes Wasser und bringt es dann wieder heraus – eine fabelhafte Entspannungsmethode, aufgestaute Wut-, Hass- und Eifersuchtsgefühle, die unser *manipura* so stark belasten, endlich wieder loszuwerden. Diese Gefühle hindern uns daran, den nächstfolgenden Bewusstseinsschritt zu gehen. Sie sind wie Felsbrocken, die den Fluss blockieren. Und manchmal provoziere ich bewusst auch bei dem einen oder anderen von uns diese Gefühle von Wut, Eifersucht und Gier, um damit die versteckten Aggressionen und klammheimlichen Gewalttätigkeiten freizusetzen, die sich Gott sei Dank dann auch nur in starken Worten und Türenschlagen auswirken, die aber ›hochkommen‹ und sich vorrangig auch gegen mich äußern –, aber eben freigesetzt werden müssen, wenn denn ein Aufwachen überhaupt erfolgen soll; das allein ist wichtig.

Die Moralvorstellungen unserer Gesellschaft haben uns dazu erzogen, alles zu unterdrücken, was negativ ist, und alles, was positiv ist, nur noch vorzutäuschen. Beides aber ist äußerst gefährlich. Das Positive vorzutäuschen ist verlogen und das Negative zu unterdrücken ist gefährlich, weil es uns (vor allem in unseren Partnerschaften) vergiftet. In diesem Zusammenhang erfahren auch mich viele als autoritär. Dabei sage ich nur ungeschminkt, was ich denke bzw. was sich dringend bei dem einen oder anderen von uns verändern muss, wenn sich überhaupt etwas verändern soll.

Die Bewusstseinslehre (Chakren-Lehre) auch des Tantra-Yoga zeigt eindrücklich, dass, wenn wir über die gegenwärtige eigene Bewusstseinsverfassung hinausgehen wollen, wir erst einmal tief in die Welt hineingehen müssen, das aber hellwach. Darin besteht die eigentliche Lehre des Yoga.

Auf jeder der Bewusstseinsstufen, die wir erreichen, verstehen wir uns und die Wirklichkeit, in der wir leben, neu, so dass der Yoga, den wir üben, nicht langweilig werden wird. Die klassischen *âsanas* und *pranayamas* reichen nach meiner Erfahrung durchaus aus, um zur jeweils nächsthöheren Bewusstseinsebene bzw. -stufe zu gelangen. Die entscheidende Voraussetzung: Wir üben regelmäßig unter Anleitung eines erfahrenen Lehrers und gestalten auf diese Weise eine Übungskultur.

Krishnamurti lehrte in seinem Spätwerk: Wenn wir uns und die Wirklichkeit genau anschauen, gehen wir im Grunde schon über uns und die Wirklichkeit hinaus. Wir beobachten, sagte er, und gehen schon durch den jeweiligen Zustand, in dem wir uns befinden, wieder hindurch.

Wenn wir unsere Gier, unseren Hass, unsere Wut und unsere Selbsttäuschungen daher mit offenen Augen, also bewusst ansehen, befreien wir uns im Grunde schon von ihnen – auch wenn wir diesen Erfolg noch nicht sofort merken. Bewusstheit bringt mit anderen Worten eine völlig andere Qualität in unser Leben. Durch mehr Bewusstheit verändern wir uns und die Dinge, wobei ein bewusst lebender Mensch im üblichen Sinne nichts ›verändert‹. Was sich verändert, verändert sich nur durch die eigene Veränderung – das heißt, dass wenn wir uns nicht verändern, passiert nichts; wir schaffen dann immer nur wieder dieselbe Welt. Was abläuft, ist dann immer nur wieder der gleiche Film.

Der Weg aus der Gefahr

Wir können natürlich unseren Weg auch vorzeitig beenden, sobald wir auf der zweiten Ebene der Zufriedenheit anheimfallen, wir mit anderen Worten stehen bleiben, so dass wir auch nicht mehr die Notwendigkeit erkennen, die Frage: Wer bin ich? noch weiterzuverfolgen. Die Zufriedenheit, wir sagen gewöhnlich die Selbstzufriedenheit, kann dabei so groß sein, dass sämtliche Fragen, die sich auf unser Leben beziehen, verschwinden. Der Yoga-Schüler ist dann zu keinem weiteren Schritt mehr zu bewegen. Das muss man dann akzeptieren.

Erst auf der vierten Bewusstseinsebene öffnen wir uns ohne Einschränkung der Offenen Weite, so dass sich Kreativität von ganz alleine einstellt, ja eine geradezu ungeheure Sehnsucht danach entsteht, so dass vor kurzem eine Yogin spontan (und sicher zu Recht) äußerte, dass ihr beim Yoga immer viel ›einfalle‹. Die hier genannten Bewusstseinsebenen bzw. -zentren sind nach allem, was ich bisher gesagt habe, unsere eigentlichen Lebenszentren bzw. -ebenen.

Im Abendland pflegen wir jeweils eine Wissenschaft, die sich auf den ›Körper‹, dann eine Wissenschaft, die sich auf die Psyche und schließlich noch eine, die sich auf unsere ›geistige‹ Verfassung konzentriert.

Zur Steigerung unserer geistigen Fähigkeiten lesen wir hier im Westen Bücher über Bücher; im Osten gibt es dafür eine völlig andere Art zu ›lesen‹.

Bei uns wird ein Buch gewöhnlich nur einmal gelesen und dann für immer ins Regal gestellt. Im Osten las man vor dem Beginn des Industriezeitalters das gleiche Buch immer wieder, im Grunde das ganze Leben lang.

Es war klar, dass in dem Maße, in dem die eigene Einsicht wuchs, sich auch die Bedeutung des jeweiligen Textes veränderte – so wie sich die Bedeutung eines *âsanas* immer noch in dem Maße verändert, in dem die Entfaltung unseres Bewusstseins erfolgt. Inzwischen haben wir uns hier auf eine ganz spezifische Art zu denken (auch zu lesen und zu hören) – um mit Kant zu sprechen, auf eine ganz spezifische Denkungsart – eingestellt und festgelegt: auf ein rechnendes, kalkulierendes Denken, das u. a. Ratten studiert, um daraus Rückschlüsse auf den Menschen zu ziehen. Diese Rückschlüsse treffen fast immer zu, so dass diese Denkungsart bislang auch sehr erfolgreich war. Aber eben nur ›fast‹, denn die restlichen 0,1 Prozent sind und bleiben immer noch, trotz solcher ›Fortschritte‹, das Allerwichtigste, weil sich hinter diesen 0,1 Prozent vermutlich die Menschlichkeit des Menschen verbirgt, die nicht zu kalkulieren ist.

Das Bewusstsein für diese Tatsache ist uns inzwischen hier in Europa und Amerika abhanden gekommen. Diese Denkungsart ist uns inzwischen so sehr zu unserer zweiten Natur geworden, dass wir im Grunde schon gar nicht mehr ›denken‹, sondern bloß noch ›nachvollziehen‹. Je mehr wir uns durch diese Denkungsart an Wissen angeeignet haben, desto offensichtlicher lässt auch unser Denken nach.

Wir leben jedoch erst in dem Maße wirklich, in dem wir wach geworden sind; das haben wir mehrfach betont. Wir sind mit anderen Worten nicht schon lebendig, weil wir mehr oder weniger gut atmen und unser Herz schlägt; physiologisch können wir heute in einem Krankenhaus am Leben erhalten werden, ohne jedes Bewusstsein. Wir können in mechanischen Verhältnissen festgehalten werden, so dass wir über Jahre hin auch am Leben bleiben können, in dem Sinne, dass wir atmen, unser Herz schlägt und unser Blut in unseren Adern zirkuliert. Die fortgeschrittene Technologie macht es heute sogar möglich, unseren Tod hinauszuzögern. Aber die

Frage stellt sich natürlich, ob dieses Leben dann überhaupt noch ein Leben ist. Ob Leben nicht erst existiert, wenn wir wirklich wach geworden sind und auch wach bleiben.

Die Entfaltung unseres Bewusstseins erfolgt auch in der abendländischen Kultur in einzelnen Schritten, wobei hierzu eine spezifisch europäische Metaphorik entwickelt wurde:
 1. reden wir vom Bewussten; ›hinter‹ ihm nehmen wir
 2. ein vages Unbewusstes an, das wir meist noch nicht so recht entziffern können; ›dahinter‹ steckt dann für uns
 3. ein ›kollektives Unbewusstes‹. Und wenn wir dann noch weitergehen, folgt
 4. das ›kosmische Unbewusste‹.

Das ›kollektive Unbewusste‹, so wird angenommen, repräsentiert die gesamte Menschheit bis auf den heutigen Tag; sie ist Teil von uns. Das ›Unbewusste‹ ist unser individuelles Unbewusstes, das unsere gesellschaftlich bedingten Konditionierungen in uns unterdrücken und unter den jetzigen gesellschaftlichen Bedingungen nicht so ohne weiteres zum Ausdruck (und Ausbruch) kommen darf, wenn diese Bedingungen, also die Herrschaftsstrukturen, nicht gesprengt werden sollen; daher erleben wir dieses Unbewusste, Verdrängte eher nachts in unseren Träumen. Demgegenüber ist das ›Bewusste‹ auch nur wieder eine kleine Flamme, die sich kurz vor dem Erlöschen befindet.

Aber selbst wenn wir es hier nur mit einem Flackern zu tun haben, enthält es doch das ganze Lebenspotential, um dessen Freisetzung es im Zen-Yoga geht.

Wenn wir uns nun diesen Weg noch einmal vergegenwärtigen, vergegenwärtigen wir uns, dass wir Menschen wohl irgendwie durch die Natur auf die Beine gestellt wurden, wir aber erst noch wirklich aufrecht gehen lernen müssen, wenn wir nicht früher oder später scheitern wollen. Insofern sind wir Menschen stets nur ein Werden; wir sind stets unterwegs. Wir suchen, wir forschen und tasten uns auf diese Weise erst einmal durch eine Vielzahl von Vermutungen voran. Wir wissen noch nicht, wer wir wirklich sind; denn das können wir erst wissen, wenn wir gelernt haben, den aufrechten Gang zu gehen.

Sartre hatte durchaus Recht, wenn er immer wieder darauf hinwies, dass der Mensch erst einmal nichts anderes ist als ein Projekt; dass wir uns durch unsere geistigen Anstrengungen selbst erschaffen müssen, ja dass wir nur als Chance geboren werden, als Möglichkeit – und eben nicht schon fix und fertig da sind, wenn wir geboren werden. Letzteres ist vielleicht der größte Irrtum, der sich durch die Jahrhunderte hindurch hält, trotz Aufklärung. Daher verfehlen auch so viele das Ziel des ›aufrechten Gangs‹. Dementsprechend existieren auch immer noch zwei philosophische Schulen.

Die eine geht davon aus, dass der Mensch als Essenz geboren wird; es handelt sich hier um die essentialistische Schule, die behauptet, dass er bereits fix und fertig auf die Welt kommt. Die andere nennt sich die der Existentialisten, die davon ausgeht, dass er nur als Möglichkeit auf die Welt kommt. Die eine Schule geht davon aus, dass der Mensch seinen Bauplan schon mit ins Leben bringt, so dass gar keine Wahl mehr besteht, sich selbst erst noch zu erschaffen. Diese Schule erniedrigt uns (wie derzeit die Genideologen) zu bloß ausführenden Maschinen. Die andere Schule geht von der Einsicht aus, dass die Essenz, von der die erste Schule spricht, im Entscheidenden erst kreiert werden muss; dass wir uns – wie es Hannah Arendt ausgedrückt hat, – erst einmal selbst zur Welt bringen müssen; dass die physische Geburt also nicht schon die wahre Geburt ist, dass die eigentliche Geburt erst wir selbst unter erheblichen Schwierigkeiten, wie wir wissen, leisten müssen. Jesus nannte dies ›wiedergeboren‹, Buddha ›zweimal geboren‹ zu werden. Das erste Mal wird uns das

Leben durch unsere Eltern geschenkt, das zweite Mal müssen wir es uns selbst schenken.

Das alles besagt nun, dass wir auch weiterhin fähig sein und bleiben müssen, mit unserem analytischen Verstand scharf ›logisch‹ umzugehen. Aber diese Bewusstseinsebene ist dann ohne Scheu auch zu transzendieren, und zwar in jene, gerade eben erläuterte Wachheit der Neugeburt, in der wir verschwinden, um uns zu finden; erst dann sind wir in dieser Welt wirklich angekommen, erst dann sind wir in dieser Welt anwesend, wach und keine Scheinexistenzen mehr.

Als Scheinexistenz können wir nicht transformiert werden, weil die mit ihr verbundenen falschen Vorstellungen (Ideologien) dies nicht zulassen. Daher kommt es entscheidend darauf an, dass wir die Kunst der Meditation erlernen: uns unseres eigenen Bewusstseins selbst bewusst werden. In diesem Punkt kann uns die Wissenschaft keine Auskunft geben, schon gar nicht die Psychologie. Der Wissenschaftler mag sich in der Welt auskennen, was er natürlich auf seine Weise auch tut. Das aber heißt noch lange nicht, dass er sich bei sich selbst auskennt. Aber solange wir uns nicht bei uns selbst auskennen, ist alles – inklusive der wissenschaftlich-technischen Errungenschaften – umsonst. Erst dann und nur dann beginnen wir, unser Lebensmuster und damit unseren Lebensstil zu verändern, der dann auch erst für andere zu einem Vorbild werden kann.

Der Buddha sagte: Ein wirklich bewusst lebender Mensch lebt in dieser Welt wie eine Biene. Er tastet nie die Schönheit dieser Welt an, und er zerstört nie den Duft dieser Welt. Er lebt und geht still seinen Weg. Er bittet nur um das, was er wirklich braucht. Sein Leben ist einfach und nicht überladen. Er lebt entspannt im Hier und Jetzt.

Er geht durch das Leben, indem er es genießt. Er feiert es, indem er tanzt, indem er singt. Er macht aber auch alle finsteren Erfahrungen durch. Denn nur durch Erfahrungen, die er macht, wacht er erst wirklich auf. Der bewusst lebende Mensch nimmt nichts wirklich in Besitz; er verrennt sich nicht und bleibt auch nirgendwo stecken. Er existiert strömend wie ein Fluss; er stagniert nicht, schon gar nicht durch die Annahme irgendeiner Ideologie.

Er nimmt das Leben zu jeder Minute und zu jeder Sekunde wahr. Er be›greift‹ es nicht, d. h. er glaubt nicht, es irgendwann einmal überhaupt begreifen zu können. Er sieht hin, hat aber keine vorgefertigten Meinungen oder Antworten parat. Er geht also möglichst unvoreingenommen durchs Leben.

Der bewusst lebende Mensch weiß, dass er stets eine Möglichkeit ist, dass er ein Freiheitswesen ist, das er erst noch realisieren muss; dass vieles passieren kann, aber nicht muss; dass alles allein auf ihn und nur auf ihn ankommt.

Der bewusst lebende Mensch weiß schließlich, er ist kein Ding, keine Ware, die produziert, ja hergestellt werden kann wie alle übrigen Gegenstände dieser Welt. Dass er von sich aus aufwachen muss und kein anderer ihn aufwecken kann, gar an seiner Stelle für ihn leben kann. Er versteht, dass er das einzige Wesen auf dieser Erde ist, das nicht schon da ist, sondern als Freiheit erst zu sein hat. Alle anderen Wesen sind festgelegt, fixiert, strukturiert. Der Papagei wird sicher ein Papagei werden, der Hund sicher ein Hund, der Löwe sicher ein Löwe. Aber beim Menschen bleibt die Frage relevant, ob er wirklich ein Mensch werden wird. Sobald er aber er selbst geworden ist, unvertretbar er selbst, wird er zum Zeitgenossen Buddhas, Laotses, Jesus', Mohammeds!

Wenn er zu sich selbst gefunden hat, erfährt er schließlich Liebe als seinen ureigensten Seinsgrund. Dann gibt es keine nationalen und religiösen Grenzen mehr, dann wird ihm bewusst: dass es sich nur um Ideologien handelt, die anderen, bewusstseinsfernen Menschen mehr oder weniger nur zu ihrer Stabilitäts- und Machtsicherung dienen.

Wenn erreicht worden ist, dass der Mensch sich in diesem

Seinszustand, in dem er sich als Kind schon einmal befunden hat, jetzt auf einer höheren Ebene nicht wiederfindet, ist und bleibt er innerlich hohl, eine unerträgliche Leere, eine sinnlose Existenz, mit der man schließlich auch machen kann, was man will; er wird nicht mehr rebellieren.

Liebe gibt Mut und nimmt uns unsere Ängste. Die Unterdrücker hängen von unserer Angst ab. Ein Mensch voller Angst besteht ständig aus Wut; er ist gegen das Leben und nicht für das Leben, er ist und bleibt ›selbst‹-mörderisch und damit lebensfeindlich eingestellt. Genauso wie der Körper atmen muss, um zu leben, muss die Seele lieben, um schließlich leben zu können.

Doch ganz offensichtlich ist die Liebe in uns und infolgedessen auch um uns herum heute vergiftet. Dadurch wurde jene Spaltung in uns erzeugt, als Gewährleistung jenes Bürgerkrieges nicht nur in uns, sondern auch um uns herum. Dieser Bürgerkrieg nimmt ungeheure Energien in Anspruch, die uns nicht zuletzt stumpf, schal und verdummt nur noch im Freund-Feind-Schema der großen Politik dahinvegetieren lässt.

Mit Hilfe des gegenwärtig verwahrlosenden Bildungssystems leben wir immer noch an der Untergrenze unserer tatsächlichen Möglichkeiten. So wird heute von Seiten der Wissenschaft darauf hingewiesen, dass der gewöhnliche Mensch in seinem Leben nur fünf Prozent seines Bewusstseinspotentials wirklich nutzt. Sie sagt, dass selbst die Hochbegabten nicht mehr als zehn Prozent, die heute noch existierenden Genies mal gerade fünfzehn Prozent ihres ihnen zur Verfügung stehenden Potentials wirklich nutzen. Allen übrigen Menschen – und das ist immerhin die Mehrheit – wurden so gründlich die Energien ausgetrieben, sie wurden so unterdrückt, dass ihnen nie bewusst wurde – und auch jetzt noch nicht bewusst wird –, was für ein total verkehrtes, synthetisches Leben sie leben. Das ist der Grund dafür, warum Millionen von Menschen auf diesem Planeten gegenwärtig extrem unglücklich leben, weil sie spüren, dass sie vom wahren Leben abgehalten und ausgeschlossen werden, dass sie eben nicht sie selbst sind und dass da fast unbemerkt etwas grundsätzlich schief läuft. Dass die Menschen das trotz aller Manipulationen noch spüren, darin sehe ich heute noch die einzige Chance, dass nicht alles so weiterlaufen muss.

Wir können die Natur, wir können die Freiheit des Menschen, die Liebe, die eigentliche Menschlichkeit des Menschen verleugnen, wir können sie aber nicht wirklich zerstören. Sie bleibt trotz aller gegenteiliger Versuche in den tiefsten Winkeln unseres Seins lebendig. Man kann Liebe vergiften, aber man kann sie nicht wirklich zerstören. Diese Gifte werden immer wieder erbrochen bzw. wie wir yogisch sagen: verbrannt werden.

Wir können alle unsere Glaubenssätze und Konditionierungen fallen lassen; noch keine Gesellschaft, noch keine Diktatur konnte bisher Menschen ewig als Sklaven halten – es sei denn, man vernichtete, man liquidierte sie wie in Auschwitz.

Nur wenn wir uns erst einmal dazu durchgerungen haben, unser Leben wirklich in dem hier anvisierten Sinne zu verändern, beenden wir auch unsere Hörigkeit gegenüber der inzwischen in Raserei geratenen Wissenschaft und Technik. Indem wir gegen die Natur (wie das heute nicht nur gegenüber der ›äußeren‹ Natur geschieht) ankämpfen, werden wir ganz sicher nicht die Natur zerstören, sondern nur unsere Lebensgrundlagen und damit uns selbst. Wann immer wir etwas gewaltsam erzwingen wollen, wird, was der Buddha, Laotse und Jesus aufgezeigt haben, das Resultat keine Besserung bringen, auch wenn uns, bezogen auf heute, die Wissenschaft und Technik durch mehr Wissenschaft und Technik noch über die Natur hinaushieven will. Am Ende werden alle diese

Versuche ohne eine einzige Ausnahme erbärmlich scheitern. Unser Menschengeschlecht ist Opfer dieses Irrglaubens, dieser maßlosen Selbsttäuschung geworden.

Als ein geistig gesunder Mensch ist sicher auch heute noch ein Mensch anzusehen, der in einem mehr oder weniger ausgeglichenen Gleichgewicht zwischen Vernunft und Wahnsinn, geistiger Gesundheit und Geisteskrankheit lebt. Auch ein gesunder Mensch hat immer noch einen gewissen Wahnsinn (positiv verstanden) in sich, den er akzeptieren muss, wenn er in dieser Welt überleben will.

Im Grunde weiß jeder, dass es das Paradies weder im Diesseits noch im Jenseits gibt und auch in Zukunft nicht geben wird. Es wird kein Retter kommen, weder von ›da oben‹ noch von hier ›unten‹. Der Gedanke, dass unser Unglück, unser Schmerz und unsere Verzweiflung eines Tages doch noch von uns genommen werden wird, existiert merkwürdigerweise immer noch, obwohl er aufgrund unserer Erfahrungen inzwischen jede Anziehungskraft eingebüßt haben dürfte.

Der Gedanke, dass es einen Gott gibt, der sich unablässig um uns kümmert, ist nichts anderes als ein Witz, günstigenfalls ein frommer Wunsch oder Traum. Wirklichkeit ist, dass sich um uns überhaupt keiner kümmert. Wenn es einen Trost, eine Antwort auf diese Frage gibt, dann ist es die: dass es trotz aller Widrigkeiten, Krisen und Katastrophen in unserer Hand liegt, bewusster als bisher, wacher als bisher, in ›wolkenloser Klarheit‹ zu leben, um nicht zuletzt so immer wieder die Grenzen zu sprengen, die wir uns selbst immer wieder auferlegen.

Der Weg des Zen-Yoga

Das Geheimnis der Meditation besteht in der Kunst des Verlernens. Denn das, was wir zu wissen glauben, hält uns gefangen und lässt keine neuen Erfahrungen zu. Gewonnene Erfahrungen beschränken und blockieren unser lebendiges, fließendes, zu keinem Augenblick festlegbares Sein.

In Meditation leben heißt, im Hier und Jetzt zu leben: unbelastet von der Vergangenheit, die vergangen ist, und der Zukunft, die noch nicht begonnen hat. Wir leben also in diesem Augenblick, unblockiert vom analytischen Verstand, dem Computer in unserem Kopf. Wir verhalten uns abwartend, ruhig und gelassen, so dass Meditation geschehen kann und uns die Tür ins Unbekannte und Unversicherbare öffnet.

Zen, der Höhepunkt bzw. die eigentliche Substanz des Yoga, stellt die maximale Entfaltung unseres Seins auf dem Weg der Meditation *(dhyana)* dar. Als Buddha den Zustand des Nicht-Denkens erlangte, erfuhr die Welt vom ›Weg des Analysierens‹, vom ›Weg des rechten Denkens‹, vom ›Weg des rechten Erinnerns‹ und vom ›Weg der Auflösung allen Denkens‹, indem, so lehrte er, wir uns immer mehr unserer Gedanken, aufgrund derer wir handeln, bewusst werden.

Indem wir unsere Gedanken und Vorstellungen jetzt einfach nur noch beobachten, ihnen also keine Energie mehr zuführen, verschwinden sie; wir sind zum Beobachter, gleichzeitig zum Zeugen des Geschehens geworden; wir identifizieren uns jetzt nicht mehr mit den Gedanken. Wir stehen gewissermaßen neben ihnen und beobachten sie, wie sie kommen und gehen – so, als würden wir am Straßenrand stehen und nur noch den fließenden Verkehr beobachten.

Aus dieser Beobachtungshaltung heraus nehmen wir wahr, dass sich unser Verstandesdenken, mit dem wir unsere Realität gestalten, auf sehr merkwürdige Weise unaufhörlich im Kreise dreht, so dass wir inzwischen von diesem Denken schon so abhängig geworden sind, dass wir immer und immer wieder dasselbe tun – und dies unser ganzes Leben lang.

Wenn wir abwartend und geduldig diesen sich ständig wiederholenden Vorgang beobachten, werden wir uns dieses geradezu erschreckenden Kreislaufs bewusst werden, der immer nur wieder dieselben Emotionen hervorbringt, dieselbe Wut, denselben Hass, dieselbe Gier, nur dass wir jetzt die Einsicht gewinnen, dass wir es ja offenkundig selbst sind, die dieses Rad in Bewegung setzen und vor allem auch weiter in Bewegung halten. Sobald wir diese Einsicht einmal gewonnen haben, ist die Verbindung und damit auch der Teufelskreis durchbrochen, der uns wie Ratten in einem Laufrad festhält. Wir schalten unseren analytischen Verstand von nun an nur noch dann ein, wenn wir ihn wirklich bei unseren alltäglichen Verrichtungen brauchen.

Von uns wird, wenn wir Yoga praktizieren, nichts anderes erwartet, als dass wir uns selbst öffnen und erforschen – mehr nicht. Sobald wir das tun, gewinnen wir auch Klarheit über die soziale Wirklichkeit, in der wir leben.

Die Methode des Zen-Yoga besteht darin, dem genannten Räderwerk die Energie zu entziehen. Sobald das geschieht, tritt der Augenblick ein, in dem das Räderwerk stehen bleibt. Durch unsere unaufhörlichen Wünsche, Hoffnungen, Erwartungen und Sehnsüchte, durch unser ständiges Urteilen, durch unsere permanenten Entscheidungen, durch unsere Vorlieben und Abneigungen missbrauchen wir ständig unser Verstandesdenken für eigene Projektionen, wobei uns die Wirklichkeit gewissermaßen als Leinwand dient, auf die hin wir das projizieren, was wir gerne sehen wollen. Die Folge ist, dass wir die Wirklichkeit nicht wirklich wahrnehmen, sondern sie nur noch als Produkt unserer Manipulation akzeptieren. Sobald dieser Projektor aber abgestellt wird, erscheint die Wirklichkeit so, wie sie wirklich ist, weil nichts mehr auf sie projiziert wird. Wir sitzen dann wie im Kino und sehen uns nur noch die leere Leinwand an. Sobald wir den Projektor jedoch wieder einschalten, verschwindet die Leinwand und wir sehen wieder nur den Film, den wir sehen wollen.

Häufig sind wir dann so sehr von dieser Story, die sich da auf der Leinwand abspielt, gebannt, dass wir die Leinwand sofort wieder vergessen und uns in dieser Traumwelt bewegen. Erst wenn in der Meditation der Projektor ausfällt, erkennen wir – häufig plötzlich, wie die Rinsai-Schule sagt –, dass da überhaupt nichts ist und auch nichts war. Die Leinwand stellte nur die Projektionswand für ein von uns gewünschtes Spiel von Licht und Schatten dar; wir ließen uns wieder einmal von uns selbst täuschen.

Die Wahrheit ist immer neu. Sie stellt das Zeit-Raum-Spiel von Verbergung und Entbergung dar. Das Verstandesdenken, das hat uns Kant gezeigt, bringt dabei nichts Neues hervor. Das ist nicht schlimm, solange wir uns dessen bewusst sind. Geradezu verhängnisvoll wird dieser Vorgang aber, wenn wir diese Tatsache verdrängen und eines Tages vergessen. Denn der Verstand und die Wahrheit begegnen sich nie. Der Verstand ist vergangenheitsorientiert, die Wahrheit aber stets gegenwärtig. Der Verstand ist um das Gewusste bemüht, die Wahrheit beinhaltet das, was jedoch nicht – im klassischen Sinne – gewusst werden kann. Der Verstand registriert nur das, was passiert ist, das Wahrheitsspiel aber, auf das sich der Yogi einlässt, ist und bleibt ein ständiges Abenteuer. »Es gibt nichts Neues unter der Sonne.« Wenn wir an den Verstand denken, stimmt dieses Sprichwort; wenn wir an die Wahrheit denken, führt es uns sofort wieder in die Irre.

Der Verstand gibt vor, besonders intelligent zu sein; Intelligenz ist aber vorrangig eine Bewusstseinsqualität. Der Verstand ist demgegenüber nur schlau und listig. Intelligenz stellt sich jedoch ein, wenn wir bewusster als bisher zu leben beginnen – das eigentliche Ziel des Zen-Yoga.

Zen – die geistige Substanz des Yoga – stellt keine Philosophie dar, ganz im Gegenteil: Zen widerspricht ihr, wo immer Zen auf sie stößt. Zen entbehrt jeder Wissenschaft und jeglicher Gelehrsamkeit. Denn Zen sagt, dass es keine Probleme zu lösen gibt und dass es im eigentlichen Sinne des Wortes auch keine gibt, weil es von vornherein keine gab – außer jene, die wir unentwegt immer wieder selber durch unsere Projektionen kreieren.

Zen sagt, dass es nie auch nur irgendein Problem gegeben hat. Erst unsere Machtversessenheit – als Folge unserer Selbsttäuschungen – schafft diese Probleme, mit denen wir es zu tun haben. Sobald wir eines gelöst haben, stehen gleich wieder zehn andere Probleme zur Debatte, die gelöst werden müssen, und das ad infinitum.

Demgegenüber ist Zen – gerade unter den heute vorherrschenden gesellschaftlichen Bedingungen – durchaus ein mühsamer, ja anstrengender Weg, ja Zen ist im Grunde ein Spiel mit dem Feuer. Wenn wir uns auf diesen Weg aber erst einmal eingelassen haben, tritt nach kurzer Zeit schon eine Veränderung ein. Wir sind dann nicht mehr dieselben, die wir waren; wir kappen gewissermaßen automatisch die bislang überbeanspruchte Verbindung zu unserer Vergangenheit und erfahren so eine Auflösung unseres bisherigen linearen Zeitbewusstseins zugunsten des entspannenden Hier und Jetzt. Von Problemen kann dann überhaupt keine Rede mehr sein.

Zen kennt keine Vergangenheit und keine Zukunft mehr; Zen kennt nur noch reine Gegenwart, reine Präsenz. Wann ist Gegenwart? In dem Augenblick, in dem wir die Einsicht gewinnen, dass jede Gegenwart, sobald wir sie wahrnehmen, schon vergangen ist.

Einstein machte darauf aufmerksam, dass Zeit und Raum keine zwei getrennten Dinge seien; sie seien ein und dasselbe – oder noch genauer gesagt: zwei Aspekte von ein und demselben. Also nannte er dieses Faktum ›Raum-Zeit‹, um zu unterstreichen, dass Zeit nichts anderes ist als die vierte Dimension des Raumes. Wenn sich die Zeit auflöst, löst sich selbstverständlich auch der Raum auf. Das heißt: Wenn wir im Blick auf diese vierte Bewusstseinsdimension die Vorherrschaft unserer Verstandestätigkeit relativieren, dann befinden wir uns jenseits jener linearisierten Zeit und eines von ihr dimensionalisierten Raumes. Wir existieren, können jetzt aber nicht mehr sagen wo und wann, da sich derartige Angaben als Fiktionen unserer mehr oder weniger regen Phantasie erweisen. Ein Bewusstsein, das sich dieses Faktums bewusst ist, ist ein erleuchtetes, d. h. ein sich seiner selbst durchsichtig gewordenes Bewusstsein.

Der Weg dorthin stellt sich, wie gerade angedeutet, als ein durchaus mühsamer Weg heraus, weil derjenige, der diesen Weg geht, abgesehen vom Ich auf jede punkt- bzw. ortsmechanische Vorstellung verzichten muss. Die Welt, die wir bis dahin gekannt haben, löst sich mit anderen Worten auf und etwas gänzlich Neues, Undefinierbares und infolgedessen auch nicht Berechenbares tritt ein.

Zen bedeutet ›Sitzen‹. *Zazen* stillsitzen, nichts tun. Jedes Mal, wenn wir etwas tun wollen, fängt unser Verstand sofort wieder zu planen an. Allein schon die Vorstellung führt dem Verstand sofort wieder Energie zu. Streng genommen gilt das selbstverständlich auch fürs Meditieren; unter Umständen kommt auch das Tun hier gleich wieder durch die Hintertür herein.

Zen lehrt: Sitze da, tue nichts. Denke hier-jetzt nicht in

Begriffen (weil es nun einmal nichts zu be›greifen‹ gibt) – sei nur einfach ›da‹, ganz in dieser Gegenwart.

Obwohl das so einfach klingt, ist gerade das das Schwierigste. Denn man würde gern etwas tun. Schließlich befreit uns die Beschäftigung mit irgendetwas davon, uns mit uns selbst weiter auseinandersetzen zu müssen. Beschäftigungen dieser Art sind jedoch immer wieder nur Fluchtversuche, die vorgeben, uns davor zu bewahren, uns selbst ins Gesicht zu sehen; wir vermeiden auf diese Weise, uns selbst zu begegnen.

Wenn ich daher sage: Tue bitte nichts, sitze einfach nur still, scheint das unmöglich zu sein. Wir suchen, wenn wir vielleicht auch äußerlich gesehen still sitzen, ständig neue innere Aktivität, indem wir zum Beispiel ständig Ram Ram vor uns hinsagen.

Alle Aktivitäten lösen sich in der eintretenden Erkenntnis auf, dass das, was wir suchen, in uns längst da ist. Das erkannten wir nur deshalb so lange nicht, weil wir ständig mit Problemen beschäftigt waren. Wenn alle Aktivitäten eingestellt werden, bleibt nichts mehr übrig, was wir noch festhalten könnten; wir werden so immer wieder auf uns selbst zurückgeworfen.

Aktivität bedeutet *sansar,* sie ist die Welt. Und wenn die Zen-Yogis sagen: Lass die Welt hinter Dir, meinen sie nicht: Gib Deinen Beruf auf, gehe aus dieser Welt hinaus; sie sagen vielmehr: Gib endlich deine Sucht nach Aktivitäten auf! Wenn wir die Straße entlanggehen, dann gehen wir, indem wir uns ganz einfach dem Gehen hingeben, diese Straße entlang: innen ›sitzen‹ wir jedoch weiter still.

Wenn wir essen, essen wir, innen ›sitzen‹ wir still.

Mit der Zeit wird diese innere Haltung des *Wu-wei-wu* erlangt: Das Tun im Nicht-tun. Wir können dann alle möglichen Dinge immer noch tun – nichts wird uns jetzt aber mehr stören.

Wenn wir diesen Weg gehen, stellen wir nach schon kurzer Zeit fest, dass wir in einem Irrenhaus leben, in dem wir Menschen offensichtlich in Abstufungen längst aus dem Gleichgewicht geraten sind, dies aber längst schon als normal einstufen; demgegenüber erscheinen Jesus oder der Buddha als völlig a-normal, als ver-rückt.

So wird es auch als normal angesehen, dass Jesus als einer der gefährlichsten Verbrecher gekreuzigt wurde – wie Sokrates vergiftet wurde, weil er auf seine Art verrückt war. Die Gefahr bestand im Falle von Sokrates darin, dass die Athener Bürger von ihm aufgeklärt wurden. Jede Gesellschaft hat sich so noch stets vor Menschen gefürchtet, die aus sich selbst heraus, d. h. aus ihrer Mitte heraus, lebten und demzufolge auch für ihre Mitmenschen ein unergründliches Verhalten an den Tag legten.

Ein Mensch, der sich in seinem Inneren jedoch erkannt hat, weiß, dass unsere Vorstellungen, Ideen und Leitbilder immer nur wieder vom Verstand hervorgebracht werden. Wenn wir diese verstandesbedingten ›Vor-stellungen‹, mit denen wir uns in dieser Welt immer wieder zurechtzufinden versuchen, dabei aber merkwürdigerweise immer wieder scheitern, endlich fallen lassen würden, lehrt der Zen-Yoga, würden wir diese Welt endlich ohne ›Vor-Urteile‹, ohne Für und Wider sehen; wir projizierten dann nicht mehr eine Welt und sähen auch die Dinge und Probleme sofort in einem anderen Licht.

Nach dieser Erfahrung würden wir begreifen, dass wir gerade auch als Wissenschaftler unablässig in Vorlieben und Abneigungen urteilen, dass wir unablässig Unterscheidungen treffen und dass wir unablässig die Wirklichkeit in Kategorien ein- und aufteilen bzw. zerlegen, ohne dass wir uns dessen noch bewusst sind. Die Folge ist: Alles wiederholt sich. Wir selbst bleiben Schlafwandler. Das ist meines Erachtens das entscheidende Verhängnis, in dem auch der Wissenschaftler, der nach wie vor ein hohes Ansehen in unserer Gesellschaft genießt, lebt.

Wenn ich Sie auffordere, mit mir jetzt Zen-Yoga zu praktizieren, fordere ich Sie nicht auf, der Welt zu entsagen – ganz im Gegenteil: Ich fordere Sie auf, diese Welt, so wie sie ist, erst einmal kennen zu lernen, bevor Sie sie in Begriffe und Kategorien einzwängen oder – aus welchen Gründen auch immer – gar verwerfen. Sich aus dieser Welt mit ihren Sorgen und Nöten zurückzuziehen, ist im Grunde genommen einfach. Aber zu fliehen stellt im Grunde genommen keine Transformation dar.

Es ist einfach, nach außen hin so zu tun, ›als ob‹ einen diese Welt nichts anginge. Viel entscheidender ist, ob der Tumult in uns selbst so weitergeht wie bisher, so dass wir auch weiterhin aus unserem inneren Ungleichgewicht heraus das ruinöse Ungleichgewicht dieser Welt erhöhen; damit werden wir der Buddha-Natur in uns nicht gerecht.

Wir praktizieren Zen-Yoga. Wir wollen auf unserem Weg eine innere Veränderung bewirken. Dazu bedarf es einiger Voraussetzungen: langsamer, im Ganzen stiller zu werden, zu entspannen und sich zu entblockieren. Denn Körper, Seele und Geist sind nicht dreierlei, sie sind eins. Deshalb hat alles, was in unserem so genannten materiellen Körper passiert, subtile Schwingungen zur Folge, die sich psychisch und geistig auswirken; das gilt natürlich auch umgekehrt. Zwischen den genannten drei ›Körpern‹ *(koshas)* besteht – wenn denn der Übungsweg glückt, in unserer Mitte, in unserem Zentrum zu leben –, ein äußerst subtiles Gleichgewicht, das, wenn es gestört oder gar zerstört wird, unheilbar ist. Damit es glückt, fangen wir hier und jetzt mit unseren Übungen an.

Den aufgezeigten Weg zu gehen, ist kein normaler Weg. Er ist unter den heutigen Bedingungen eher ein Weg von äußerst mutigen Grenzgängern. Er kennt kein Ende und im Grunde auch keinen Anfang. Er ist weit und verlangt ohne jeden Zweifel erhebliche Anstrengungen, ja Disziplin, wobei niemand außer wir selbst ihn gehen können. So wie wir nur für uns selbst geboren sind und sterben können, so kann auch niemand anders stellvertretend für uns leben. Das Leben ist individuell, d. h. alles, was für uns wichtig ist, müssen wir selbst in die Hand nehmen. Weder der Buddha noch Jesus, der Nazarener, noch irgendein Priester oder Politiker kann uns diese Aufgabe abnehmen. Unsere Transformation müssen wir selbst betreiben. Ihre Vollendung bedeutet, wenn wir diese Herausforderung gänzlich angenommen haben, die restlose Erfüllung unseres Lebens, seinen eigentlichen Sinn.

Glossar

Es werden nur einige wenige Begriffe und Namen hier noch einmal aufgeführt, die im Text nicht erklärt worden sind.

Chakra, das: ›Rad‹, Energiezentrum, Bewusstseinsebene
Gheranda-Samhita: Quellentext des Hatha-Yoga
Grandhi, der: ›Knoten‹, Verdichtung, Trübung des Bewusst-Seins
Guna, der: Grundeigenschaft der Materie
Hatha-Yoga-Pradipika: Quellentext des HJ, Svatmarana zugeschrieben
Matsyendranath: mythischer Begründer und erster Lehrer des Hatha-Yoga

Für weitere, namentlich auch praktische Hinweise (mit Glossar) verweise ich auf das vorzügliche Buch: Theorie und Praxis des Hatha-Yoga von Boris Tatzky, Anna Trökes, Jutta Pinter-Meise im Vianova Verlag 1995 – und die anderen, von Anna Trökes inzwischen vorgelegten Monografien.
Jyotishman Dam: Shiva-Yoga. Indiens großer Yogi Gorakshanatha. Eugen Diederichs Verlag, München 1998.

Hans-Peter Hempel
Alle Menschen sind Buddha

Der Weg des Zen

106 Seiten. RBL 20032. € 6,90
ISBN 3-379-20032-8

Fernab esoterischer Ambitionen umreißt der Autor die Grundzüge der Zen-Lehre, um dann auf die praktischen Anwendungen im Zen-Yoga einzugehen. So verbindet er auf überzeugende Weise die theoretische Lehre mit der praktischen Lebenskunst. Hempel plädiert für ein ganzheitliches Leben, das neben dem Kopf den Körper nicht vergisst.

»Die Lektüre dieser Bücher sei jedem empfohlen, der das Gefühl hat, dass sich bei aller Bewegung nichts mehr bewegt.«
Rüdiger Safranski

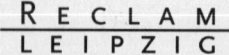

Andreas Brenner

Jörg Zirfas

Lexikon der Lebenskunst

375 Seiten. RBL 20015. € 13,50
ISBN 3-379-20015-8

Die Philosophie der Lebenskunst erlebt eine Renaissance. Zur Debatte steht heute nicht mehr nur die klassische Frage der Ethik, was wir tun sollen, sondern die Frage, wie wir leben können. Das Buch stellt sich allen relevanten lebenspraktischen Problemfeldern, bietet philosophische Anleitung, übt uns in der Kunst aller Künste.

Aus dem Inhalt: Älter werden, Angst haben, Essen und Trinken, Ekel empfinden, Geduld haben, Glück haben, Grausam werden, Lust empfinden, Siechen und Sterben, Freiheit und Gemeinschaft und vieles mehr.

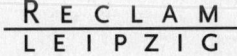